大是文化

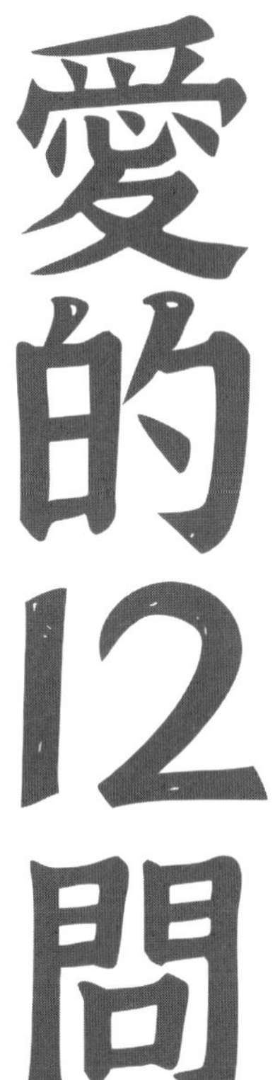

我們共享的回憶中，你最喜歡哪個？
什麼時刻你感覺與我最親近……
艾美獎導演用12個問題，找回愛。

艾美獎創新拍攝手法得獎導演
托帕茲·艾迪吉 —— 著　鄭依如 —— 譯
Topaz Adizes

12 Questions for Love

A Guide to Intimate Conversations and Deeper Relationships

致

我的母親翠亞，她教導我正直。

我的父親伊恰克，他教導我熱忱。

我的繼母努莉，她教導我藝術。

我的妻子伊卡莉，她教導我親密關係。

還有我的兩個孩子，科斯莫斯和莉拉歐西洋娜。

致我尚未學會的道理。

Contents

第二部

愛的12問 ⋯⋯⋯ 97

第三部

對話結束了，接下來呢？

各界讚譽

提問，是關係的催化劑，也是解決問題的關鍵。當我們換個方式提問，思維也會被激發往不同方向；只要學會切換「什麼」、「為什麼」與「如何」這三種問題，就能連結過去、現在與未來，找到關係的接著劑，開發出解決問題的超能力。

好的問題搭配適合的表達方式可以打破沉默、建立信任、激發深層的對話；也可以帶領我們認識、整合自己。**人生的苦難，往往來自於對自我認識的不足，學習提問與表達，我們也就能更有愛與無礙**。

——聲藝創辦人／歐馬克

人與人之間的情感非常重要，在眾多關係中，又屬和家人（包括父母、子女及伴侶）間的連繫最為珍貴。但人們往往忽略了這些應認真看待並妥善經營的核心連結，以致於總在相處時，產生誤解、心結，甚至摩擦和衝突。

本書作者也提醒：敞開心，對你所愛之人勇敢說出真心話，同時，透過問問題，聆聽對方的真心回應。這一點是重要關鍵。書裡提到的這十二問，每個問題都直搗核心，且橫跨了過去、現在與未來。

其中我最有感觸的是：「你對我的第一印象是？之後又產生什麼改變？」確實，隨著時空轉換，人會改變，但我們往往不易察覺或意識到這些變化，唯有透過身邊所愛之人，才有機會提醒我們，而**愛，是一切的關鍵**。

要有良性與高品質的對話，就得先從學習問對問題開始，進而創造一段充滿愛的關係。願本書成為更多人的祝福！

——知名主持人／何戎

看似耳熟能詳的道理，在實踐後才能深刻體會到情感變化，這十二問就是應運這樣的機會而生。

祝福每位讀者在情感實踐這條無窮的道路上，勇敢前行、樂於挑戰，無論結果是否得償所願，都能用愛溝通。或許在疲累時，本書的某句話可以成為點亮你內心的一束光；在徬徨無助時，也能為你與身邊的人們帶來力量。

——第九刻鐘馬戲團品牌設計師／小宙Mili Sola

「為了避免又一輪的心碎和分手，請先閱讀本書。作者將多年的智慧濃縮成十二個有力的問題，這些問題將為你提供解鎖更深層次的愛的鑰匙，這樣你就不必繼續尋找（或受苦於）心靈不相通的關係。」

——娜塔莉．庫恩（Natalie Kuhn），心靈導師兼The Class聯合首席執行官

「這些看似簡單的問題濃縮了多年的觀察，鼓勵我們討論最重要的事，讓關係蓬勃發展。本書充滿力量、富有洞察力，真誠的解決了現實生活中的問題，希望我能把這本書送給年輕的自己。」

——朱迪・惠特克（Jodie Whittaker），英國知名演員

「當我們向所愛之人提問，並深入傾聽回答時，不僅有所學習，還加深了與對方的關係。」

——傑夫・韋茨勒（Jeff Wetzler），《提問》（*Ask*）作者

「在資訊飽和的今日，答案很容易獲得，但我們比以往任何時候更需要強而有力、與生活關聯的問題。作者受到他獲獎電影系列的啟發，分享了十二個可以加深和豐富你生活中重要關係的問題。」

——華倫・伯格（Warren Berger），暢銷書《從Q到Q+》（*The Book of Beautiful Questions*）作者

推薦序

向所愛之人敞開心房

松雅・芮妮・泰勒（Sonya Renee Taylor），《紐約時報》暢銷書《身體不必道歉》（*The Body Is Not an Apology*）作者

二〇一八年的某個夏夜，我、姊姊和阿姨坐在一個冷清餐館的包廂裡，她們兩人的對面分別坐著自己的丈夫。此刻已過午夜，剛徹夜跳舞的我們，翻著服務生從餐桌另一頭推過來的破爛菜單，點了幾份夜間供應的早餐品項，準備解解饞。

這時，我姊姊吉妮（Jeanne）突然拿出手機說：「來玩這個問問題遊戲吧！」她可是出了名的喜歡在尷尬又往往不合時宜的時機找我們玩遊戲，讓對話的氛圍變得沒那麼輕鬆，但是我們都太累了，沒力氣拒絕她。

在回答約三個極具挑戰的問題後，我才想起自己曾玩過這個遊戲。

「這個遊戲叫什麼名字？」我趁空檔問她。「我想是叫｛THE AND｝（詳見第三十二頁）。」她先回答我，然後繼續追問下一題。

我在二〇一七年底認識本書作者托帕茲，當時我們都是艾德蒙．希拉里獎助金[1]的首屆成員。很快就發現彼此氣味相投，我們皆為初出茅廬的創業家，也渴望透過探詢，幫助人們得到更真實的親密關係。

我這逾十年來的鑽研重點，是如何透過自我探索達到所謂的全面自愛，也就是人們與生俱來的價值觀和神性。托帕茲藉由他的數位媒體平臺 The Skin Deep，還有一系列稱為｛THE AND｝的獨特問題，帶領我們更深入人與人之間的親密關係。

拉近自己與彼此之間的距離，正是個人與社交世界蓬勃發展的關鍵。世界上大部分的憤懣與悲慘經驗，都源自於嚴重的脫節與疏離。我們害怕了解與被了解，因此不願問可能會粉碎自己和社會假象的問題；避免問可能挖掘出創傷故事的艱難問題，因為治癒的過程很嚇人；逃避事物，以免發現大多數的人際關係基礎早已支離破碎，因為我們認為這樣會害自己變得孤立、不再被愛。

所有的逃避和閃躲，只會剝奪所有改善現況的機會，使我們停滯不前。人們不只是忽視了真正連結中的魔力，更安於親密關係的假象，而不去面對、去探索。

我很欣賞托帕茲總是知道，只要我們開始向彼此詢問真正重要的問題，並且說出真心話，就能展現每個人更好的樣貌。我確信那更好的樣貌是可能達到的，前提是我們開始對自己說真心話。

《愛的十二問》是托帕茲給我們的練習，他是個熟練的引導師，會創造出一個空間，讓我們與彼此分享真心話。當我們一起練習不斷拓展的勇氣時，難道不應該受到如此溫柔的指引嗎？我堅信必是如此。

我不記得當晚的晚餐吃了什麼，但是還記得自己告訴姊姊我有多麼欣賞她，還聽見姨丈告訴阿姨，他認為她為這段關係帶來的最棒的禮物是什麼。我記得與剛進餐廳時相比，我能夠從一個更坦誠的角度與他們產生連結。我那多愁善感的姊姊在手機上

1 編按：艾德蒙·希拉里獎助金（Edmund Hillary Fellowship）是紐西蘭一項針對企業家、投資者和新創團隊的獎助金計畫，旨在將外國企業家和投資者帶到紐西蘭以孕育新企業。

看到的一系列問題，為我們之間更深刻的愛開啟了空間。

在我們的世界裡拓展那個空間，正是你必須閱讀本書的原因。希望這些問題能讓你和你所愛之人敞開心房、打開眼界，而且再也不會關上。

歡迎
給所有渴望愛與親密關係的人們

你是否曾面對自己深愛的人，卻發現彼此無話可說？沉默無法展現對彼此的關心，也無法表達欲與對方心靈相通的渴望，卻又找不到一個字，表達你們之間連結的深度或品質？或者你是否曾經發現自己與所愛的人，陷入了不斷循環的對話模式？你們彷彿千篇一律的走在同一條路上，因而感到筋疲力盡？更糟的是，這個循環開始破壞你們的連結。

你是否發現自己深深愛著對方，愛到讓你希望建立更深刻的連結，明明覺得這段關係能夠變得更好，卻沒有任何工具或經驗可以幫助你？

你質疑過親密關係的價值嗎？或者親密究竟是什麼意思？親密的本質是什麼？如

何影響一個人的人生？如何建立？如何維持？最根本的是，會得到什麼成果？

歡迎你。

你之所以閱讀這些文字，絕對不是因為搞錯了什麼。不論你是從何得知這本書的，你的內心都渴望著以全新的方式體會愛、連結和親密關係。我希望你已經準備好縱身一躍，接納深度連結那足以改變一切的力量，因為你來對地方了。

這十年來，透過榮獲艾美獎肯定的〔THE AND〕計畫，我不斷研究各式各樣的人，觀察他們存在於各式各樣的關係中。

這只是個簡易的說法，事實上其內涵遠遠不僅如此。

我所打造的空間，使參與者得以進行強而有力、宣洩情感的對話；我所打造的問題，可以激發參與者創造出那些經驗。我也訓練我的團隊，讓他們學會維護這個空間、寫下問題，最後為橫跨各個性別、社會、經濟和文化背景的人，創造充滿力量的時刻，以全新及深刻的方式與他人連結。

我花了幾千幾萬個小時，觀看參與者交流、溝通的影片，而我的收穫豐碩。我了解到人類的狀態，以及人類渴望與他人建立未經修飾的真實連結；我了解到，不論我們知不知情，其實都渴求那樣的連結；我了解到，**問題的力量可以改變你的整個觀點，進而改變你體驗人生的方式**；我了解到，在文化的影響下，對彼此展現脆弱的一面，並明白這麼做能得到的收穫，對我們而言會是一樁挑戰；我了解到，真正的傾聽，是什麼樣子；我了解到**心是用來愛的，但是得歷經一路的崎嶇坎坷，才能找到另一顆有愛的心**；我也了解到每一段關係之間都存在獨特的空間，如果能夠到達那個空間，就能為關係提供豐富的養分灌溉成長，將其提升到更深的層次，提醒我們活著是何等美麗又充滿意義。

所有的道理都改變了我。我藉由這些道理了解到自己的人生旅程，最後引領我來到這個地方。

我要分享自己從幾千段對話中吸收、學習的一切，以及我從自己的親身經驗中學到的道理。待你讀完這本書之後，就能得到需要的工具，幫助你與生命中最重要的人建立更深刻的連結。誠如伴侶諮商師和暢銷書作者埃絲特・沛瑞爾（Esther Perel）所言：「各個感情關係的品質，決定了我們人生的品質。」

但又是什麼決定了感情關係的品質呢？我認為是我們與伴侶的對話——我們在一

個與心愛之人共享的空間裡，和對方說話時培養和發掘的深度與連結。所以，又是什麼決定了對話的品質呢？是什麼讓對話打開了我們探索、發掘和連結的空間？**對話從問題中誕生，因此問題的品質決定一切**。

我將提供十二個有意義的問題給各位，還要交給你們工具，打造一個以強而有力的方式回答問題的空間。

所以，謝謝你們來到這裡。我將懷著感激的心，邀請你們探索這片空間。

前言
我不需要答案，只需問題引導我

人們耗費大部分的人生尋找答案。在我們所處的世界中，產出結果的人才會得到獎勵，這就是人們從小接受的教導。

普世價值對優秀的定義與成就緊緊綁在一起，而非探詢。但假如問問自己，作為社會整體或個人想要的成就是什麼，那麼一來會發生什麼事呢？

如果不問：「我要如何多賺一點錢留給我的家人？」而是問自己：「我要如何為子孫打造更美好的世界？」會產生什麼差別？第二個問題可能產生的答案，會讓人類整體踏上截然不同（且我認為更加永續）的軌道。假如我們將重點轉移到問出口的問題，讓這些經過深思熟慮的問題綻放出更好的答案，世界會變成什麼模樣？

我發現，問題遠比所追尋的答案來得重要，畢竟每一個答案都是由問題形塑而成。因此，**問出更有洞見的問題，會引導我們得到更好、更有助益的答案**。

重新思考詢問自己的問題，能夠解決社會問題、保護環境、修正兩極化的政治主張，甚至拯救世界嗎？我堅信必是如此。但是如果要讓我們作為社會整體，創造更理想的問題來詢問自己，我對此並沒有相關經驗，至少還沒有。

我的專業在於問出更強而有力的問題，以打造更深刻的連結、重新發掘探索、鞏固我們對人性的認知、重新提振惡化的關係，甚至可以治癒傷痛。所以，儘管我目前無法確定將重點從答案轉移到問題上是否能拯救世界，但是多年來的親身經歷讓我確信，問出更好的問題既能讓我們更深入了解親密關係，也能為接下來的旅途打造一條全新又更生機勃勃的道路。

我的人生旅途，除了追尋親密關係以外，別無重心，而追尋的起點，始於大約四十年前的一個問題。我那年四歲，和弟弟在父親家玩耍，母親正要過來接我們兄弟倆一起去吃節慶大餐。當時，我和弟弟已經很習慣父母的離婚對生活造成的影響。在法官評估對我們最好的監護權方案時，我們得經常往返不同的家，時不時去拜訪法院指定的諮商師。若說這場離婚把一切搞得烏煙瘴氣，真是再精確不過。

由四歲小孩寫成的合約

我父親一臉心煩意亂的走進房間，他說媽媽很快就會到了，但是他想要和我們一起過節，卻又不知道該怎麼做。我想要幫忙，便建議他寫一張合約。合約中明定，假如這次是母親與我們兄弟倆一起過節，下一次就換他。

「好主意。」父親回道：「那合約內容應該怎麼寫呢？」

現在回想起來，我父親怎麼會跟孩子提起這些事，又怎麼會把寫合約的重擔放在我身上呢？誰知道。但不管怎樣，我大略的向他描述起這份「合約」的內容。不久之後，我聽見輪胎輾過碎石的聲音，是母親開著那輛奧斯摩比（Oldsmobile）黃色大旅行車（復刻八〇年代初期經典款式）停在車道上。

我清楚記得車燈的光束懸在濃霧中的畫面。她下車之後，兩人的情緒隨即失控爆發。父親拿出他聽我口述寫下的合約，要母親簽名，而母親斷然拒絕，一邊抱起時年三歲且哭哭啼啼的弟弟，把他放在安全座椅上。她要過來抱我的時候，父親便把弟弟抱下汽車座椅，放在家門前的臺階上。

我不知道我們被父母放進車裡，又被拉出車外多少回。我記得自己求母親簽合約時，滾燙的淚水流下我的臉，倒不是因為我很在意要去哪裡過節，我只想結束這場痛苦不堪的鬥爭。

母親最終把我和弟弟都送上車，隨後便開車揚長而去。在整個過程中，她沒有流下一滴眼淚。她的態度堅決、強硬，而且情感上一點也不脆弱。她非常堅定。直到我們遇到紅燈，停下來等待時，我弟弟已經從哭哭啼啼變成抽噎。我臉上滾燙的淚水都乾了。我聽見母親開始輕聲啜泣。那時，我記憶中的第一個大問題在我腦海中浮現。

即便我才四歲，我母親遲來的情緒潰堤，還有我父親找我當調解人那一刻便開始的瘋狂局勢，在我看來完全不對勁。他們的關係出了差錯。有什麼東西不見了。我永遠不會忘記自己坐在車裡想著：「是什麼呢？出了什麼問題？」

我當時不知道，但那一刻是我開始嘗試了解親密關係的起點。

尋找我的橋梁

回想起來，我父母間缺少的就是這個：真正的親密關係——從中誕生的信任、展現脆弱一面的意願，以及強烈連結。但是，四歲的我並不知道這一點。從來沒有人做我的榜樣，所以我甚至不知道真正的親密關係是什麼模樣。我唯一看見的，就是衝突永遠只會在糟糕的處境中結束，就像我和弟弟在那個起霧的夜晚經歷的一切。

我父母的例子教導我，與伴侶發生正面衝突是多麼可怕、多麼令人不快，因此更保險的做法是讓一個孩子口述一份正式的合約給雙方簽名，而不是展現自己坦誠和脆弱的一面，透過對話解決問題。

在我開始約會，試著建立自己的親密關係後，我發現父母在無意之中將他們對於衝突的厭惡傳給了我。當我和伴侶之間一浮現有問題的徵兆時，我會先問自己：「這一切將如何結束？」以保護自己免於陷入注定爆發的情緒風暴中。

我只有見識過衝突轉變成吼叫、痛苦，以及沒有任何正面事情發生的僵局。因此，在我看來，只要發生衝突，就只有一種結果：無可避免，且一定不是好聚好散。

了解現在所知的一切後，就能明白「這一切將如何結束？」這個問題，不會給出任何正面或有建樹的答案。但是，由於我當時對於如何建立親密連結，和如何創造有用問題的了解有限，一旦出現衝突，我就會問那個問題，而依據我過去的經驗，唯一能得到的答案就是：結果會非常糟糕。所以我最後都會與伴侶分道揚鑣。在衝突的第一個徵兆浮現時，我就打退堂鼓。我只會用這種方式保護自己不受更多情緒折磨。

難怪我會一遍又一遍重複同樣的模式。正如我們將在本書中學到的，面對情緒衝突或許是讓人收穫最多的其中一種學習方式。與衝突成為朋友，問問它這次要教導我們什麼道理，如此一來才能打破毫無助益的模式，進而更深入的了解這個世界、自己和我們擁有的關係。

不過，當時的我還沒有意識到這一點。我的童年時期缺乏親密關係的模範，並且在二十多歲時一直逃避所有暗示，因此我缺乏可以教導我這個寶貴道理的內在連結。但現在回頭去看，我認為在我逐漸理解的道路上，「這一切將如何結束？」這個問題也是重要指標。**有時候我們該學習別做哪些事，才能找到正確的道路。**

隨著年紀漸長，在我生命中缺席的親密關係，逐漸成為肩上的重擔。當時並未清楚認知到我生命中缺少的是親密關係，但是我感受到一股強烈的拉力，驅使我尋找填補內心空洞的事物，我知道我缺少那個東西，卻說不出是什麼。

大學畢業後，仔細審視了自己的人生才意識到，儘管我內心存在不知名的空洞，但我其實幸運無比。我的父母都很健康、我沒有學生貸款要還，爸爸的工作讓我在財務方面毫無後顧之憂，我隨時都可以在他手下工作。

從各個方面來看，我擁有極大程度的自由。所有朋友都順理成章的去大顧問公司上班時，我反而開始好奇：該如何運用自由，也就是我最有價值的資產，為更廣大的群眾服務呢？答案並沒有馬上出現。但**我不需要答案，我只需要讓問題引導我**。

攝影機帶我通往世界

這個至關重要的問題深深刻入內心後，我開始盤點對自己的認識有多少：我不想浪費人生，也知道自己在尋找某個重要的東西（即便我不知道那是什麼），還知道攝影機擁有一種令我興奮的魔力，使我深信自己必須跟隨。不知怎麼的，直覺告訴我，攝影機就是我所需要的工具，可以幫助我找到自己苦苦追尋的東西。

於是我懷揣著那少少幾件我「知道」的事情和一臺攝影機，在一九九九年十二月，拿著一張前往澳洲的單程機票，開始在這個世界探險。我不確定自己到底想拍什麼，但是人與人之間率真、坦誠的交流十分吸引我。我從澳洲到瑞典，再到印度，與來自各個背景的人交談，錄下那些對話。就是在這段起初宛如無頭蒼蠅般闖蕩的時間內，我注意到一件重要的事情。

我的攝影機，就像是走進別人世界裡的橋梁。那是一把鑰匙，可以開啟他們圍繞著私生活築起的大門。如果你帶著一臺攝影機來拍紀錄片，人們就會開始分享平常不會分享的事情。突然之間，我就看見了這些剛認識的人擁有的各種親密連結，如果不用這種方法，是不可能看見的，而這令我深深著迷。

像這樣拍攝對話，實在太有意思了，於是我意識到，這就是我在追尋的東西：親密與連結。憑藉著站在攝影機後方的優勢，我看見人們以一個詞彙建立起美妙的羈絆；看見伴侶們透過沉默的眼神，送給彼此一首首優美而充滿說服力的情詩；看見幾個人藉由全心全意的與彼此交流，展開真正的溝通，達到真正的心意相通；我也看到其他人完全忽視另一個人或伴侶的需求，滔滔不絕的說了幾小時，對方的話卻一個字也沒聽進去。

成為製片人後，我終於找到自己一直尋找的東西，也發現那遠比我想像中更加寶貴。我越來越著迷於人類的行為與連結，也開始意識到，在這個越來越現代化的世界中，即便我們還沒有完全忽視親密與連結這兩件事，也開始越來越不重視了。經過多年磨練拍攝和製作影片的技巧，我發覺這就是我想要發揮一技之長的主題，我找到問題的答案了。

我該如何將自己的優勢和機會發揮到極致，以服務我所屬的群體，不論群體的規模是大是小？

我必須記錄下人與人之間那看不見的羈絆，也就是親密關係。但是該怎麼做呢？

在一個個問題的引領下，在人生的道路上走了這麼遠。我不會停下腳步，我會讓問題帶領我到下一個地方。讓自己的內心充滿問題，思考如何才能將重點放在親密連結上，既是為了治癒我自己的傷口，也是為了給予世界一點價值。

將近一千兩百對伴侶參與計畫

花點時間問問自己：什麼是親密關係？

你有什麼經驗呢？能夠比較不同段關係的親密程度嗎？親密關係會隨著不同人轉移和改變嗎？在不同文化、語言和群體中又有什麼差異？親密關係到底是什麼？

即使相關理論多得不勝枚舉，這些問題感覺還是很難回答清楚。但是有一件事是肯定的：**我們在與世隔絕的情況下，無法對親密關係有多透澈的理解**。

假設你從未與他人建立親密關係，尤其如果從未有意識的覺察這些關係，或許就很難評斷。而建立關係的關鍵似乎在於連結的強度，以及在每一次互動中打開心胸的意願。我認為最後的結果是你的人情味，或者是人們之間的聯繫，都會在親密關係之中提升。想想看當你凝視所愛之人的眼睛時，領會到某種難以言喻的深刻感受；或者你與一個擦身而過的陌生人展開撼動人心的對話，讓你理解到生命可以令人難以置信的美妙又充滿隨機。

親密感是一股看不見的力量，就我個人的經驗而言，這股力量讓我更理解生而為人的意義。輾轉於各個城市間發表演說時，我總是會隨身攜帶一對磁鐵。演講時會把磁鐵拿出來，展示其不容置疑的力量，以及磁鐵之間那虛幻的本質。把兩個磁鐵靠在一起時，可以感受到磁鐵之間的能量。那股力量是千真萬確的；你可以感受到推力或拉力，但是什麼都看不見。

正如同磁鐵，人與人之間也有那麼一股力量，稱為親密關係，存在於人們之間的連結，與那股力量無異。所以想像一下，如果你在兩個磁鐵之間撒爽身粉，就會看見連結線在磁鐵之間延展開來。這就是我想做的事情：將重點放在充滿活力的連結上，讓感受到的力量變得具體——也就是照亮存在於兩個人之間的空間。

為達成目標，我決定使用對我頗有助益的工具，也就是攝影機，拍下簡單的對話，看看兩人之間的空間會不會自行揭露。**在每一場對話中，兩位參與者會面對面坐下，並且按照順序問出十二個左右的問題，創造出連結的空間，展開充滿情緒宣洩的**

對話。那些問題對參與者而言都是驚喜，在唸出那些問題之前，雙方都不會先看到，兩人在驚喜中展開一場原本不會展開的對話。

我們會用三臺攝影機拍攝對話，一臺拍攝遠景，另外兩臺分別拍攝兩人的特寫。把影片分成兩個畫面，同時放上兩個參與者的特寫鏡頭，如此一來，觀眾就能直接看見兩人的表情並排在一起。身為觀眾的你不僅能聽見參與者說的話，還能看見他們在回應對方時產生的感官連結。透過這個方法，來揭露兩人之間的空間。

我們將計畫取名為〔THE AND〕，是因為一段關係中不只是我或你、我們或他們，而是你與我、我們與他們。是這個「與」將彼此連結起來，是這個「與」作為我與你的連接詞，創造出我們，因此，兩人之間存在的空間就是「與」。

將注意力和鏡頭放在那個空間上，讓我們得以更清晰的捕捉到親密關係的樣貌，這遠遠超出我的想像。同時展示兩個人的表情，就能感受到繫住兩位參與者的千絲萬縷。雙畫面（有時會放上遠景變成三畫面）闡明了兩人之間的空間，訴說著潛藏在文字之外的連結，你會發現這是非常獨特的經驗。

試問有多少機會，能在兩個人揭露彼此內心世界並行駛在情緒地貌上時，近距離觀看兩個人的表情？通常你只能看見另一對展開親密對話的伴侶的側臉，如果是你親自參與對話，也只能看見對方的正臉。作為｛THE AND｝的觀眾，你可以同時看見兩張臉。這不是一般人會有的日常經驗，而如此一來就能給予我們在其他地方鮮少能體驗到的寶貴視角。

這逐漸成為紀錄片｛THE AND｝的模式，並在二〇一五年榮獲艾美獎創新拍攝手法獎和其他獎項，在此不一一贅述。影片如燎原之火傳遍網路，收獲數億觀看次數，甚至連勞勃狄尼洛（Robert Anthony De Niro Jr.）和安海瑟薇（Anne Hathaway）這樣的大明星都共襄盛舉。

總共有**將近一千兩百對伴侶參與計畫**，涵蓋各個種族、性別、文化、性向和年齡，**參與者來自十一個國家**，並且持續增加中。除了廣納各式各樣的感情關係，十年來也有不少參與者多次參加後續訪談。因此｛THE AND｝不僅以包羅萬象的參與者為傲，對談的深度也令我們自豪，因為你可以看見一段關係隨著時間流逝而產生的改變。本質上，我們仍然在為這個時代的人類建立感情關係資料庫——**這是一間圖書館，收藏著透過對話中共享的情緒體驗反映出的人性**。

透過其中幾段對話，我見證了親密關係與連結最不可思議的時刻，令我永生難忘。有時過程中看起來沒有特別的事發生，但是當我們把參與者的臉放在一起重看對話後，突然之間就能看到價值觀的交流。雖然拍攝當下的文字和能量感覺十分單調乏味，不過雙畫面能夠揭露更多隱藏在表象之下的事物。即使其中一位參與者完全迴避一個問題，聽對方說話時產生的臉部表情，仍能透露不少關於這段關係的資訊。

事實證明，這對我和與日俱增的觀眾而言，實在是非常有意思。{THE AND} 發揮了作用，照亮了兩個緊密相連的人之間那雖然深不可測，卻至關重要的空間。

拍攝初期，根本無法預測會發生什麼事。我們會花十二到十四個小時，拍攝八對或九對伴侶，每一對拍攝一小時，或者更長的時間，依照需求或參與者的意願進行下去。記得有一次在阿姆斯特丹（Amsterdam）拍攝時，我彷彿靈魂出竅，從上帝的視角看待這一切。當時在一座大倉庫裡，旁邊的四盞燈照亮兩個面對面坐下的人，還有三臺攝影機拍下兩人所有的交流互動。

我從抽離的角度看著這一切，忍不住想著：這真是有夠奇怪又不可思議！我好像在研究人類……身為人類的樣子？我們團隊很喜歡說自己擅長讓人類表現出人類的樣子，而目前為止建立的對話圖書館，就是最好的證明。每一場對話都是令人驚喜的啟示。有些在當下就顯得不可思議，有些則是看似沒有達到效果。不論是哪一種情況，每一場對話都令我們受益匪淺，而我們可以藉由雙畫面將個中道理記錄下來。

我開始好奇，這究竟是怎麼回事？這個方式怎麼會有用，我和團隊還能怎麼做才能更上一層樓呢？擁有深度連結的人進行的交流，以及沒有達到情感深度的對話之間，到底有什麼差別呢？所以我為自己想出這個問題：是什麼讓這些神聖的時刻持續出現在對話中，並為真正的親密關係創造了空間？

一如往常，答案沒有像從雲層中劈出的閃電那般給我當頭棒喝，讓我突然有所領悟。但是我繼續拍攝〔THE AND〕的對話時，我讓這個問題時時浮現在我的意識中。

在問題中尋找答案

而事情就這麼發生，我找到答案了。

我當時在拍攝拉法（Rafa）和道格拉斯（Douglas）的對話，拉法長得很高，有一雙總是很專注的棕色眼睛，道格拉斯則是個態度平靜、溫和有禮的人，兩人都四十多歲，結婚四年。回答前面的問題時，道格拉斯提起了他的母親。我注意到在話語之外，他的聲音透露出一種複雜——或許說得上是痛苦的情緒。我想著，如果為道格拉斯準備一個問題，讓他請拉法說說道格拉斯與他母親的關係，或許能讓拉法的觀點幫助道格拉斯治癒傷痛。

我看見道格拉斯一拿起我寫上問題的卡片，他的雙眼便瞬間噙滿淚水。道格拉斯還沒開口，拉法便伸手拭去了丈夫的眼淚。道格拉斯大聲唸出問題：「我可以做出什麼改變，改善我和我媽的關係呢？」

拉法馬上看向天花板。我看得出來他正坐在那裡，感受著伴侶的痛苦。痛苦的源頭可能是道格拉斯與他母親的關係，但是因為他們擁有強烈的情感連結，所以拉法感同身受。那股痛苦開始在他心中竄升。突然之間，兩個人都沉默不語，他們溼潤發紅的雙眼宛如彼此的鏡像。兩人都一語不發，但是我能看見這段親密關係中最真實的光芒與坦誠，散發著耀眼的光彩。

經過這一陣情緒洗禮後，道格拉斯率先開了一句玩笑打破沉默：「這次的諮商療程甚至是免費的。」雖然臉上的眼淚都還沒乾，這對伴侶卻一起哈哈大笑起來。

這正是我希望所有參與者都體會到的一刻。這個時刻是怎麼發生的？源自一個問題，而且是經過深思熟慮的問題，無法用黑白分明的是或否來回答。而是會引導出一個有建設性的答案，措辭之中就存在著主動改善情況的潛力。

拉法的笑聲停下來後，他說出了一個只有他能帶給道格拉斯的答案。不是單純從身為拉法這個人的角度提供建議，而是從密不可分的伴侶視角開口。他是從那個我稱之為「與」的空間中回答問題（影片請掃描第二九七頁QR Code）。

我反覆思考，才首次意識到每一個問題真正的力量，都潛藏在問題之中。我見識到以一個特定方式設計問題，可以讓那股力量迸發出來，形成一座橋梁，讓因為同樣的原因而脆弱的兩人得以走上這座橋，迎來美妙而親密的時刻。就這樣，計畫勢如破竹，進展順利。

漸漸的，我和團隊變成專家，十分擅長問出這種強而有力的問題。我們學到如何排列順序，讓每個問題出現的時機都恰到好處，並建立在先前的問題所打造的信任，和開放的穩固基礎上，如此一來便能確實產生更深刻的連結，照亮兩名參與者之間名為「與」的空間。

根據我多年來的經驗，我不能說自己已經無所不知，但是我確實見識夠多了。

我見識到人類的對話模式；見識到因社會自有一套羞恥標準，告訴我們什麼是可以接受、什麼是不能接受的，導致我們變本加厲的閃躲脆弱與痛苦；見識到一顆心秉持著對於愛的自然渴望，一遍又一遍穿梭在規則和恐懼的迷宮之中，只為了尋找和連結另一顆嚮往著愛的心，只為了在一個瞬間或一輩子感受到自己不是孤單的；見識到用言語訴說情緒，**向另一個人清楚表達和傳達自己感觸的深度，是多麼困難的一件事；我也見識到成功表達情緒之後，隨之而來的力量是多麼強烈**。我還見識到每段關係中都有那麼一個故事，會呈現出迷人、強烈和深刻的真相。

以我的父母為例，我發現儘管我父母的關係破裂，他們其實完美的與彼此互補。我父親最大的恐懼就是被另一個人直接而親密的愛著；而我母親，她最大的恐懼是直接而親密的向另一個人表達愛意。

從某方面來說，他們會是彼此最完美的伴侶，他們最大的恐懼是互補的，兩人的恐懼在分量和風險方面不相上下，且邁向成長的下一步，對兩人而言同樣嚇人。而兩人結合之後，便出現了讓他們透過彼此面對恐懼的機會。親密關係對他們兩人而言，充滿同樣的風險與挑戰。

雖然雙方都沒有跨出那一步建立更深厚的親密關係，我還是忍不住讚嘆他們這段關係中如此美妙的安排。**唯有與另一個人開始接觸交往，才能夠開始接受親密關係、展現自己的脆弱**。他們的關係讓我相信，伴侶必須能夠給彼此機會，讓彼此作為人成長和變得更好。對雙方而言，這樣的機會是同樣嚇人又充滿挑戰性的。但是如果我們緊緊抓住對方，懷抱著尊重和信任，而且兩人都明白唯有一起面對自己的恐懼，才能夠攜手向前躍進，也就不會一同墜落，而是會一起扶搖直上。

這就是拍攝的經驗所給我的真相和觀點。每一個人都能從中學習，只要問出有品質的問題，就能夠得到收穫，而那正是我和團隊最擅長的事：按照特定的順序問出有品質的問題，展現伴侶之間神聖的親密關係。

{THE AND} 成為我的人生志業，逐漸成長為親密對話的匯集，我之所以上傳到網路平臺，是希望大眾看完影片後受到啟發，能夠問出更好的問題，加深自己與他人的連結。

紀錄片計畫推出後沒多久，觀眾便開始持續觀看這些不可思議的對話影片，希望自己在生活中也能展開這樣的對話。所以我從中精選出一百九十九個問題，做成〈THE AND〉卡牌遊戲，之後又將遊戲做成數位版本的應用程式。這讓人們以簡單的方式，親自體驗充滿意義和方向明確的連結，將我和團隊為參與者打造的問題帶進自己的生活中。

我確信藉由推動和觀看〈THE AND〉得到的資訊，可說是無價之寶。我總是認為有一天，或許是慶祝紀錄片十週年時，在累積了十年的經驗和體悟之後，我可以出版一本書，分享我在見證了無數場充滿親密和脆弱的對話後，以及我自己在充滿問題的旅途上所學到的一切。由衷希望自己的經驗對各位有所幫助。

不過，我認為這本書的第二個意義其實更加重要，也就是當你將這本書中的資訊變成你個人的經驗，並且親自展開我在拍攝時見證的對話後，會發生什麼事。

儘管透過拍攝紀錄片研究親密關係的收穫不少，我還是沒有得到所有的答案。我不是科學家，也不是大師，更不是持照諮商師。我只能從觀察和經驗給予意見，雖然涉獵的範圍寬廣，但是那仍然是我的主觀意見。希望你能藉由本書的引導展開對話，並且在實際運用接下來章節中提到的工具之後，能親眼觀察親密關係，親自學到關於感情關係的道理，以及更深入的了解身而為人活著的意義。

我從中擷取數段對話作為案例研究，解釋我為何認為書中所列的問題都很有效，但是那些影片都在剪輯室中經過編輯，因此會反映出我和團隊不經意流露的偏見。不過，你在閱讀本書後所展開的對話是完整的體驗，只經過你和伴侶的詮釋和處理，不假他人之手。這就是我希望你從本書中得到的最大收穫：成為自己的老師。

達賴喇嘛曾說過，愛不是感受而是實踐。**踏進兩人之間那個名為「與」的空間，這個做法能夠讓你們實踐愛**。如此一來你便能得到能動性[1]，提升生活的品質，還有愛的品質。

1 編按：在哲學中，能動性（Agency）是行動者在給定環境中行動的能力。

這是對話，不是測驗

本書的第一部，著重於打造連結和親密空間的工具。這些工具能幫助你建立脈絡，展開真正宣洩情感的交流，幫助你們成長。

第二部由十二個問題組成，這十二個問題能夠加深愛侶之間的連結。事實上，你可以將這些問題運用在各種擁有深刻連結的關係中，不一定要是伴侶關係。

第三部則是提供建議，幫助你解決對話時可能產生的衝突。

本書的目的是讓你讀完後，能展開屬於自己的親密對話。你和伴侶可以詢問彼此第二部的十二個問題（第二九一頁會列出所有問題）。或者，也可以先讀第一和第三部，然後才和伴侶一起詢問對方那十二個問題。玩完之後再閱讀第二部，了解這些問題為什麼會讓你們產生那樣的感受，讓你們之間產生那麼多化學效應。

如果你準備展開一場對話，並且清楚明白自己想要有價值、有創意又坦誠的互動，那麼我建議你遵循以下準則：

- 按照書中順序詢問這十二個問題，這樣對話的效果最好。
- 開始前請先看著對方的眼睛三十秒，把注意力放在這個空間和彼此身上（不過並非每個人都對眼神接觸感到自在，請以適合你們的方式進行——建議的替代方案是跟伴侶以同樣的節奏呼吸）。
- 雙方都需要詢問和回答每一個問題，並輪流擔任先提問的一方。舉例而言，如果你問伴侶第一個問題，他回答之後就換他問你同一題。可以盡情討論，直到自然而然得出結論（這是對話，不是測驗）。兩人都回答後，就可以進入下一題，並換對方先提問。
- 不要打斷對方。等伴侶表達完自己的想法，再回應對方的話。
- 不必每一題都回答，這點很重要。保有跳過問題的權利，就不會讓人覺得毫無退路。只要看著發問者的眼睛十秒，並且說「跳過」，就有權跳過問題（同理，假如你覺得以相同的節奏呼吸比盯著對方自在，那也沒問題）。
- 別忘了享受樂趣。將對話視為你和伴侶在玩的一場遊戲。假如場面變得太沉重或激烈，可以參考第三部關於解決衝突的段落，化解劍拔弩張的情勢。

這些是遊戲的基本規則。萬一發現苗頭不對，還有其他方法有助於確保對話安全又流暢的進行：**兩人都不能提高音量**；對話結束之前，任何一方都不能離開房間；如果不得不縮短對話時間，就直接跳到最後兩個問題，在兩人緊密連結和治癒的氛圍中關閉這個空間。在第三部討論如何解決衝突時，會更深入討論這些準則。

本書最後收錄了文中提及的對話影片QR Code，讓你親自觀看和聆聽。我也分享了其他主題相同的替代問題，我認為與書中探索的問題一樣，能引起相同的情緒反應。假如你想要與伴侶坐下來，展開第二次或第三次親密對話，那麼就很適合詢問這些問題。最後，我在全書中穿插了一些從影片中收錄的文字，那些話語啟發了我，希望也能讓你們獲益良多。這些對話的出處連結，也將收錄在書中。

與其將這個在引導下展開的對話，視為探索親密對話的高潮，我更鼓勵你們將其視為經驗與暖身，為下半輩子每一場刻骨銘心的對話做好準備。將其視為起點，踏上這條用一個個問題鋪成的道路吧。誰知道這會引領你們走到什麼地方呢？

第一部

這是對話，不是測驗

在展開對話前，請先閱讀本部，並以第二部（第97頁）中的 12 問作為對話的指南。

第一部所分享的經驗和原則，能引導你打造所需的環境，讓彼此在充分準備下展開親密對話。

01 問題會改變你看世界的方法

你上一次有意識的問自己問題是什麼時候？

花點時間回想一下，今天早上起床時，心中浮現的第一個念頭是什麼。重新播放你內心的獨白，仔細看看在剛開始有所覺察時，內心的聲音告訴你什麼。很有可能是說「我餓了」、「我今天早餐想吃蛋」，或是「我最好快點起來，上班才不會遲到」。表面上看來，這都只是想法。但是從哪裡來的？為什麼會一開始就產生這些想法？這些想法不是憑空出現的，而是受到某種東西啟發，而那創造了一個需要由這些想法填補的空間。

試著回到意識到想法的前一刻。那些問題是要回應什麼？你也許根本不會注意到，但是在內心開口前，更深層的內在其實正在沉默的發問：我有什麼感覺？我想吃什麼？現在幾點，我要如何確定自己能履行職責？而你的想法都是回應問題的答案。

事實上，我們一直不斷在問問題——關於自己、其他人，以及周遭的世界。但那並不是大多數人的生命經驗。通常，我們詢問的問題都躲過了意識和知覺，因為我們只把注意力放在想法，也就是答案上。這可不是什麼意外巧合，是因為這個社會著迷於答案。是我們的文化使我們全神貫注在答案上，所以人們經常聽不見自己問出的問題。就算聽見了，又會有多仔細的思考自己問出什麼樣的問題？或者是思考問題的措詞方式，以及設計問題時預計得到什麼樣的答案？

社會高度重視解決方法、成果、結果和行動的價值，然而對於創造、形塑出有意識和無意識空間，從中產生解決方法、成果、結果和行動的東西，卻幾乎不怎麼考慮。希望透過問題得出珍貴的答案，卻鮮少給予問題同等的重要性與企圖心。

人們錯失了大好機會。為了解決各式各樣關於人生、感情，甚至是全球的問題而追逐答案，但是都找錯地方了。只是一股腦兒的衝向終點線，絲毫不了解自己正在奔跑的賽道。正如同是賽道決定了比賽的形式，是問題形塑了最終的答案。

提問的力量

研究了紀錄片中的數千段對話後，我親眼見證了問題不只能形塑答案，還能夠培養和支撐兩個人之間的連結。社會低估了這種力量，但是如果你先學會辨識，再學會掌握，就會發現自己擁有一個極富價值的工具，能讓你展開更美好、更深入的對話。

不過問題的力量遠遠不只如此，問題是讓你對人生經驗更有主控權的關鍵。學會如何創造更好的問題，不僅會讓你有能力形塑對話，還能形塑你看待世界的觀點，進而讓你形塑自己的現實人生。所以應該如何實踐呢？

想像一下，你正在問孩子想不想上床睡覺。時間很晚了，所以你打斷孩子的遊戲，有禮貌的問他：「你準備上床睡覺了嗎？」根據我這幾年來當爸爸所做的大量研究，從數據統計來看，得到的回答有百分之九十八點八是斬釘截鐵的「不要」，而且通常是用超高分貝哀號出來的。但是假如你換個問法，會發生什麼事呢？如果你問他：「你想睡在床上還是沙發上？」突然之間，就沒有「時間到了還不上床睡覺」這個問題了，孩子只能回答「床上」或「沙發上」。這只是問題的力量最粗淺的範例，但是已經可以看出問題如何形塑答案。而每一個，甚至是比上床睡覺更有意義的問題，都蘊含這股力量。

請容我再舉一個例子。

我有一位朋友和他的三個手足，都是由母親獨力撫養長大，而他們的母親在三十五歲時被診斷出罹患多發性硬化症。起初，他母親陷入憂鬱低谷，有好幾天都躺在床上、不斷問著自己「為什麼是我？」當時她四個孩子中最年長的只有十二歲，他們肩負這個沉重的噩耗，盡自己所能做母親的後盾。面對眼前這條似乎充滿艱辛和痛苦的道路，這個家庭迷失了方向。

一天早晨，我朋友的母親簡單的改變了她的問題。她只加了一個字：為什麼**不**是我？便徹底改變了她對疾病的看法。「為什麼是我？」得到的答案，讓她處於憂鬱和意志消沉之中。而「為什麼不是我？」得到的答案，讓她得到主控權和行動力：何不成為強壯到足以承受這種痛苦的人呢？我們的內心會尋找答案。把目光轉向有建設性的方向，讓這成為助力吧。將更多精力與注意力放在問題上，而非你尋找的答案上。

早在我意識到如何妥善運用問題之前，我就堅信問題具備力量。我拍攝的每一部紀錄片，都是從一個問題開始。不是想法、不是概念，而是一個問題。在不斷修正提問，還有以無數種方式提問的過程中，答案開始以影片的方式成形。這就是我的進行方式——問題是首要之務，答案是其次，而成果十分豐碩。但是，一直到開始為｛THE AND｝撰寫問題，我才意識到問題真正的力量，以及問題能夠如何形塑現實人生。

用詞不同，會得到截然不同的答案

剛開始拍攝時，我記得自己感受到一股特別強烈的情緒：感激。若不是來自世界各地的參與者，帶著開放的心胸和脆弱的一面，勇敢的投入對話，又大方的同意拍攝，這個剛萌芽的紀錄片計畫恐怕就無法成真了。看見他們願意分享自己最私密的面向，讓我覺得自己有責任提供最能宣洩情緒，而且鐵定能豐厚感情關係的體驗。

所以我開始仔細思考，如何為他們設計詢問對方的問題，才能讓他們得到這樣的

體驗。對我而言，拉法和道格拉斯的對話是一個重要的參考，我觀看他們的對話時，直接見證了問題發揮的力量。但是我的下一步是要了解，道格拉斯詢問伴侶的問題，為何有如此龐大的影響力。

隨著我分析越來越多特定問題引起的回應、情緒和體驗，我漸漸發現問題精準的措辭和順序是一大關鍵。**兩個表面上看起來相似，但是不同用詞的問題，會得出截然不同的答案**。

舉例而言，當伴侶詢問對方「我們為什麼這麼常吵架？」會得到長長一串的抱怨和牢騷。因為用詞的問題，我們唯一能得到的答案就只會著重在衝突上。雖說這類型的問題可能會產出重口味、吸引人點閱的內容，並在 YouTube 上獲得更多瀏覽次數，但那不是我的目標。我希望參與者藉此機會認識自己與對方的連結，以探索在日常生活中忽略的新領域，從對話中體驗到有意義的成長。

所以我調整問題，改成「我們最大的衝突是什麼，而又從中學到什麼？」這樣一來，兩人之間的衝突中，其實隱含道理的這個想法，就放進問題本身，完整的答案也就不會是一長串伴侶會爭吵的老問題。假如他們選擇這個問題，就能獲得成長的機會。機會擺在眼前，可以選擇要不要接受。重新組織問題之後，參與者就得到重新思考衝突的機會。問題可能產生的答案，從一長串抱怨轉變成機會，讓他們看見這段關係中曾經的痛苦源頭，可以變成幫助成長的禮物。

問題變長了，卻更容易回答

問出更好的問題，不只能推動更深入、更有建樹的對話。充滿自信的做出人生重大抉擇或者被質疑所困，兩者之間的差異也在於問題好不好。

我的太太幾年前懷上第一個孩子時，我們面臨一個問題：「未來想住在哪裡？」這個問題感覺很巨大、令人生畏又至關重要，消耗了不少精力。我們花了五個月四處旅行尋找答案，走訪新墨西哥州的聖塔菲（Santa Fe）和陶斯（Taos）、愛達荷州的波伊西（Boise）、奧勒岡州的班德（Bend）、華盛頓州的西雅圖（Seattle），還有科羅拉多州的波爾德（Boulder）。不論走到哪裡，都沒有任何地方符合標準，讓我們想定居下來成家立業。

某個城市或許看起來很適合撫養幼兒，但是那裡的中學夠好嗎？長遠來看的話，經濟效益高嗎？那裡會持續為我們帶來啟發嗎？接下來好幾年的人生中，會想要每天看著那一片景色嗎？其中包含這麼多複雜的因素，讓「未來想住在哪裡？」變成一個龐大又複雜的問題。意料之內的是，對答案的追尋只會讓我們捲進不停打轉的壓力風暴，把我們轉得頭暈目眩。

幸好當我太太懷上第二個孩子時，我已經花了很多時間思考問題的力量。所以，我們這次決定重新思考詢問自己的問題。我們不問「未來想住在哪裡？」而是問「想在哪裡住到寶寶六個月大？哪個地方能支持我們創造適合養育幼兒又充滿愛的環境，同時還能啟發我們為彼此付出更多？」

這個問題雖然比較長，卻容易回答多了。儘管總字數增加，但是改變用詞後，反而大幅精簡了對新家的需求。現在只要找一個安全、能給予我們養分，有豐富自然環境和良好社區意識的地方就可以了。突然之間，我們對自己居住的地方產生了全新的好感與欣賞。就算將來有一天想搬家也沒關係，就目前來說，我們可以充滿自信的回答問題，開心的選擇那個符合所有需求的選項，一點也沒必要陷入壓力風暴。

將注意力放在詢問彼此的問題上，可以大大影響兩人關係的品質；重新思考詢問自己的問題，則能夠徹底改變我們看待世界的方式。我那位罹患多發性硬化症的朋友母親，就是最好的例子。想想看在人生中面臨的種種困難問題，例如「我這輩子該怎麼過？」這個問題很難回答，但是「我對某個事物充滿熱忱，我該如何將那股熱忱發展成對其他人有用的技能？」這個問題更明確，而且在任何時候都更能配合你的人生軌跡。

像這樣改變問題的措辭，就是透過自己的渴望看待世界，而不是為了迎合社會期待。問「他們為什麼不喜歡我？」沒有什麼建設性，但是問「我為什麼覺得他們不喜歡我，我明白之後能得到什麼收穫？」這個問題或許能帶你走上自我探索的道路，以更健康的方式了解該如何看待自己。

又或者發生壞事時，許多人會問自己：「這種鳥事怎麼會發生在我身上？」我們何不把問題改成「這種鳥事能讓我學到什麼？」或者更好的問法：「我怎麼這麼幸運，能遇到這種鳥事？」又或者把問題提升到另一個層次，改成「這種鳥事會如何給我養分，讓我成為想成為的人？」

只要簡單的改變問題，就是給自己機會成長，將你面對的所有鳥事視為探索和發展的基礎，藉此飛向你一直在追尋的人生。何不給你自己一個機會，看看提問的力量，能為你的人生帶來什麼成長？

與其將重心放在結果，也就是問題的答案上，不如花更多心思在問題本身，產出讓你更有主導權、更有建樹的解決方式。**塑造問題就是在塑造答案，而塑造答案就是在塑造你的現實人生**。所以別再尋找答案了，創造更好的問題吧。你與自己、伴侶和周遭環境的每一個面向的連結，只會變得更強、更有目標，也更有主導權。

02 經過一千次的對話設計後

該如何運用問題的力量，才能保證得到有意義又有深度的回答？

多年來為超過一千次的對話設計問題，加上仔細觀察問題創造的體驗後，我從參與者們問過最有成效的問題中，整理出五大關鍵要素：

一、**具備連結彼此的觀點**。換言之，這些問題都聚焦在提問者和回答者之間。

二、**使用開放式問題**。經過精心設計，不會只引導出是或否這樣簡單的回答。

三、**這些問題能創造出正面或有建設性的結果**，而非產生毀天滅地的衝突。

四、**這些都是出人意料的問題**，往往會連結兩個迥然不同的想法。

五、這些問題**比起直接的命令或指責，更像是給予回答者的提議或禮物。**

只要問題具備這五個要素，關係中所有需要面對的核心議題都會顯露出來。接下來，讓我們更深入分析每一條原則，看看其中蘊含的價值，以及如何實踐。

原則一：具備連結彼此的觀點

具備連結觀點的問題，是將重點放在參與者之間，那個我稱之為「與」的無形、充滿吸引力和連結彼此的空間。

這樣的問題能探索兩個人之間獨特的關係，而不是單純從各自的觀點發表主觀看法。舉例而言，「你對愛有什麼看法？」這個問題，並不如「你覺得我們對愛的看法有何不同？」來得強烈。第二個問題清楚闡釋了伴侶之間的連結，將回答者置於發問者的立場，讓他得以從不同的視角看待事情。

除此之外，為了回答問題，回答者彷彿帶入了提問者的視角。不過那其實是個獨特的視角，來自兩人的連結，也就是這段關係本身。沒錯，你請伴侶分享他認為你如何看待愛，但是他的回答真的能夠概括你確切的想法、感受、用詞、舉止和你產生的影響嗎？就算他清楚完整的傳達了你對愛或其他事情的想法，由於答案是他說出來的，所以回答也結合了你和他的想法。

他是透過兩雙眼睛——你的和他的眼睛——在看待世界。**兩人共同的眼光，就是連結彼此的觀點**。觀點重疊在一起，創造出的視角會比單純涵蓋各自觀點更龐大。兩人可以藉由這塊隱形的布料，共同編織和培養愛。

從這個觀點探究問題，確保你們共有的連結從頭到尾都是對話的焦點。沒有連結觀點的問題將會引導出冗長的獨白，其中一方滔滔不絕的說著自己的喜好、人生理論，或者喋喋不休的漫談著自己的事情。如果問題具備連結的觀點，這就不會發生，因為不論答案為何，你和伴侶都是答案的一部分，讓你們隨時都能參與對話。

詢問伴侶「人生教會了你什麼道理？」很好，但如果問對方「你覺得人生教會了我什麼道理？」這個問題可就有趣得多，也更有價值了。第一個問題可以獨自回答，其實不需要另一個人，也可以輕易想到人生教了你什麼道理。然而，第二個問題是詢問伴侶對你的感受有什麼想法，這讓對方必須參與對話。如此一來，你就能從對方的觀點看待自己的經驗。

這能夠讓你發現關於對方的新事物，或你從未意識到的關於你自己的事，當然也是一個大好機會，可以更加了解你們之間的連結。

辨別一個問題是否具備連結觀點的最好方法，就是看看**問題引出的答案是否專屬於這段關係**，換言之，就是答案會不會根據對象不同而有所不同。假如答案會因為詢問的人而有所不同，表示這個問題具備了連結觀點。如果不論是誰問問題，都能輕易得到相同的回答，那就不算是具備連結觀點。

舉例而言，假設伴侶問你「你最害怕什麼？」而你回答「蜘蛛」。如果換成你的父親、主管或朋友問你相同的問題，答案會有所不同嗎？這個問題與你和他們的連結有關係嗎？還是只跟你與恐懼的連結有關係？

如果你只是想簡單認識另一個人，那麼詢問「你最害怕什麼？」就沒什麼錯誤。但是這種問題沒有蘊含力量，無法加深你與任何人的關係。許多暢銷書都會列出詢問伴侶重要問題的清單，但這些書或清單幾乎都沒有將連結觀點納入考量。其中有太多的問題不論是由誰發問，都會得出一樣的回答。

幾年前，心理學家亞瑟・艾倫（Arthur Aron）和依蓮・艾倫（Elaine Aron）提出「讓人墜入愛河的三十六個問題」，並因《紐約時報》（*New York Times*）二〇一五年的文章〈如何跟任何人墜入愛河〉（*To Fall in Love with Anyone, Do This*）而一炮而紅。我看了那些問題，其中只有七個含糊帶到伴侶之間的連結，其餘的問題都是要求伴侶從自己的觀點表達自己的想法或感受。

舉例而言，這兩個問題：「你在一段友情中最重視的是什麼？」、「愛和喜歡在你的人生中扮演什麼樣的角色？」你是否發現到，不管是伴侶、母親或服務生問這些問題，你的答案都會一模一樣？我不否認在剛認識一個人的情況下，這些都是值得一問的問題，但當建立關係後，了解你們之間的連結，或者是了解兩人間不斷流動變化的空間，豈不是更有意思嗎？

現在先回到那個害怕蜘蛛的人，了解一下如何為「你最害怕什麼？」這個問題帶來連結觀點。那個問題更強而有力的版本是「你覺得我最害怕什麼？原因又是什麼？」或「你思考我們的未來時，最擔心什麼事情？」這樣的問題蘊含力量，可以加深你和伴侶的連結。如果你問兩個不同的人，絕對不會得到相同的答案。問出這些問題，焦點就回到你和說話對象之間獨特的連結。

原則二：開放式問題，不要非黑即白

沒什麼詞彙能像「是」和「否」一樣，可以硬生生打斷流暢的對話。

假如回答者隨後提出自己經過深思熟慮的見解，那麼「是」和「否」有時候確實能帶出有意思的對話，但是伴侶之間最理想的對話，該聚焦在非黑即白的客觀事實上嗎？還是應該聚焦在內心深處的主觀事實上呢？探索是與否之間灰色的地帶，豈不是更有意思？

比起探究一件事是否為真，詢問伴侶他為何對某件事抱持那樣的看法、他有什麼感受，或者這些感受如何在他心中展現，才能讓你更了解自己的伴侶。因此，開放式問題不會因為可以用是或否來回答，而讓對話停留在淺層，開放式問題是更強而有力的選擇，可以讓你們的對話更加深入。

回答者也可以藉由回答是和否，避免敞開自己的心胸，不去表達自己如何看待和感受與伴侶的連結。

如果問對方「你愛我嗎？」只會得到一個簡單、面向單一的回答。但是如果你問的是「你為什麼愛我？」或是「你如何看待愛我的感受？」又或是「你對我的愛在什麼時候感到最強烈，什麼時候感到最薄弱？」得到的回答就會是伴侶詳細解釋他自己的情感。這對難以回答的問題而言格外重要。

「是」、「否」或「可能吧」這樣的答案會成為盾牌，以防止自己露出脆弱的一面，或者隱藏在回答之下更深刻的真相。但是無法用是和否回答的問題，就能提供對方深掘探索的機會。

「你覺得我們的連結中有哪些方面需要加強嗎？」這個問題，可以讓對方以「沒有」兩個字回答，避免展現自己的脆弱或感到不自在，而「我們該怎麼做才能加強我們之間的連結？」這個問題則提供機會展開有建樹的對話。

原則三：以有建設性的結果為目標

現在讓我們看看這個問題：「我們對彼此最大的誤解是什麼？」這個問題得出的答案會多有建設性呢？這個問題有多大的機率可以提供你們成長的機會？

「我們對彼此最大的誤解是什麼？」這個問題的架構，讓你回答時必須列出每一件產生分歧的事，但不見得會從中獲得成長。最好的情況是，你意識到某件事對你的伴侶而言是誤會，在你看來卻不是。

但如果加強問題，改問「我們對彼此最大的誤解是什麼，又該如何解決？」或是「我們對彼此最大的誤解是什麼，你覺得怎麼會這樣？」想想看接下來可能發生什麼事。因為問題的措辭不同，回答的情緒也會截然不同。兩人不會再被「誤解」的重量壓得喘不過氣，而是成為一個團隊，一起思考如何面對問題，或者從中學到道理。重點是形塑問題，讓你們站在可以一起成長的角度看待問題。

所以，這個問題是否建立了良好的基礎，讓你可以與伴侶一起出發探索？或者是讓你們產生衝突，削弱你們之間的連結？這個問題如何讓你們的關係變得更能溝通、更有同理心、更有韌性、更有成長的能力？

原則四：讓問題出乎意料

我們有時會發現自己困在同樣的模式中，不管是思考、行為或情感模式。困在其中夠久的話，就會開始覺得那是現實。這些模式逐漸形成邊界，讓我們以為人生必須在這個局限內發生。但是這其實是個謬誤，而且是危險的謬誤。**活在無意之中為自己和感情關係築起的邊界裡，就是將人生包羅萬象的可能性通通拒於門外**。

我發現這些可能性通常會以出乎意料的方式出現。畢竟如果我們期待自己受困其中的模式延續下去，所有打破模式的事情都會顯得出乎意料，不是嗎？建立意料之外的連結是一個非常好的方法，可以訓練我們對新可能和新觀點保持開放的心態，讓我們的心智接納心理和情緒上的彈性。

在對話中若做到這一點，就能夠讓我們跨出檢視感情關係時一成不變的方式，讓全新的路徑得以在眼前展開。有兩種方式可以做到：

一、**將兩個通常不會連繫在一起的想法連結起來**。例如：

衝突會如何讓我們變得更好？

你在最糟糕的一段關係中留下最美好的回憶是什麼？

你害怕得到什麼？

賺錢會讓你付出什麼？

你犯過什麼嚴重的錯誤，最後變成你最珍貴的禮物？

二、**讓對方換位思考，迫使他們從另一個人的角度尋找答案**。像是：

你覺得我對人生的了解，有哪些是你還不知道的？

你覺得對我而言，跟你當朋友最困難的事是什麼？

你覺得我對你有什麼誤解，原因為何？

你覺得在我眼中，我最性感的特質是什麼？

你覺得有什麼錯誤是我一犯再犯的，你覺得我為什麼會這樣？

上述問題結合了兩個出乎意料之外的想法，或是讓其中一個人換位思考，如此一來就能讓回答者站在自己不熟悉的視角，思考自己或許很熟悉的問題。

在觀察紀錄片參與者的過程中，我一遍又一遍的見證了出人意料的問題引導出情感豐沛的回答，還有充滿意義的真情流露。

舉一段我最喜歡，而且總是會令我淚流滿面的對話為例。

那一次拍攝是在紐西蘭威靈頓（Wellington），其中一位主角是四十多歲、留著一頭白金色短髮的約翰（John），與他對談的是兒子柯提斯（Curtis），他是個戴著眼鏡的十六歲少年，穿著一身黑，態度開放又真誠。柯提斯是神經多樣性人士[1]，而他的家人總是認真看待他的需求。

我了解這一點後，就寫下這個問題讓約翰詢問兒子：「你覺得對我而言，當你父親最困難的事是什麼？」約翰問他這個問題時，可以明顯感受到他鬆了一口氣，因為他終於有機會讓兒子以這個角度看待他。長久以來緊繃的情緒放鬆後，他緩緩吐出一口氣，肩膀垂了下來。我很好奇，約翰是不是從來沒問過這種問題，讓柯提斯站在他的角度思考。而現在這個空間被創造出來，這或許是兩人這輩子以來第一次，約翰終於能以不同於往常的方式被兒子看見（影片請掃描第二九七頁QR Code）。

將我們或許從未想過可以連在一起的事情連結起來，為我們創造了新的空間，為所有關係建立起新的連結，進而開啟了全新的相處方式。

原則五：不帶批判和意圖

要求對方給出答案而提出的尖銳問題，以及作為一種提議、禮物而問出的問題，兩者之間有著至關重要的區別。提議是邀請對方探索全新的事物，或是表達鮮少有機

1 編按：神經多樣性（neurodiversity）一詞用於描述人類心智的多樣性，由澳洲社會學家茱蒂．辛格（Judy Singer）於一九九八年提出。認為自閉特質不應被視為一種疾病，而是另一種大腦運作的方式：他們以不同的方式感知外在環境、處理接收到的訊息，然後再以不同的觀點回應周遭環境。

會說出口的想法。反之，要求得到客觀事實的問題，可能會讓對方覺得受到操控，覺得發問者別有用心，因而產生受困的感受。

你看得出「你記得那件我讓你最失望的事嗎？」和「你覺得自己在哪一件事上對我最失望？」這兩個問題的差別嗎？差別很細微，但是伴侶回答問題時的感受和回答本身，會出現截然不同的差異。

第二個問題是問**哪一件事**，並非**那一件事**，因此讓答案多了彈性，而不是要求回答某個特定答案。除此之外，第二個問題是詢問回答者**自己覺得**最受傷的一次，而不是客觀上覺得他們受傷的經驗。經過調整後，問題就變成詢問回答者的個人經驗。如此一來，發問者就不會成為事實的仲裁者，思考他們是否真的讓自己的伴侶失望，而是讓他們認可伴侶主觀經驗的真實度。

再讓我們看看另一個例子。你會想回答哪個問題：「你在我們這段關係中，做過最傷人的事是什麼？」或者「**你覺得**你在我們這段關係中，做過最傷人的事是什麼？」有沒有發現，在第二個問題中加入**你覺得**幾個字後，語氣就軟化了。

拐個彎詢問你可能覺得傷人的行為，而不是要你明明白白的承認自己做了讓伴侶痛苦的事情。**問題轉變成提議你討論一件事，而不是強迫你對認定是客觀事實的事情發表聲明**。如此一來，就不會有人因為問題組織的方式而受到攻擊。相較於對伴侶說「這就是事實」，告訴對方「這是我的經驗」是比較簡單和安全的說法。

在一段關係中，確實不是所有的人際行為都是主觀的，有些行為在客觀上確實很傷人。我不是說一段關係中發生的所有事情都是可以解釋的。不過，經過多年磨練撰寫問題的技巧後，我發現如果問題是作為機會，讓參與者可以選擇要不要參與，就能產生最理想的對話。

比起來勢洶洶指著自己的手，與張開的手握手交流顯然容易多了。如果為參與者撰寫的問題太尖銳，太用力的逼迫你或你的伴侶體驗某件事，就會自然而然的反彈，很有可能會對彼此關閉心門。

假如想在我們希望創造的空間中，坦誠的探索自己與他人的連結，那麼最不希望遇到的就是這種處境。

03 允許自己表現脆弱

唯有讓參與者覺得自己處在情感安全的空間內，才能展開有品質的對話。只要其中一方沒有安全感，再完美的問題都無法撬開內心本能築起的防衛心牆。但注意，別混淆了安全感和舒適感，這兩者存在至關重要的區別。安全感是要隨時培養和維持的，在這個空間內，雙方都要了解兩人共同的目標、動機、關心和明確的準則。另一方面，情感上的舒適是在展開親密對話後，盡可能拋下的東西。

不舒適、不自在是成長的必要條件。如果我們將自己鎖在那既舒服又熟悉的牢籠中，要怎麼經歷能產生正向改變的新事物呢？擁有足夠的安全感，一起探索脆弱的一面非常重要，假如想要踏入這本書引領的對話，這就是必要條件。了解你們展開這段對話的原因、希望達到的目標和所有規則，可以創造出一個情感上安全的空間，以展現脆弱面的方式表達想法，讓對方接收到。

為什麼要進戲院看一部電影或一齣戲？那是因為我們知道自己在安全的空間裡，可以感受到眼前角色所經歷的悲傷、恐懼、心碎或憤怒。這表示我們很清楚，那個空間裡所有人的共同目標、進入空間的動機、所有人得到的關心，與經驗本身也有明確的安全距離。進入戲院，就是為了獲得那種體驗。除此之外，也得以觀看這些角色最私密的時刻。舞臺是演員表演的地方，而座位是觀眾見證一切的位置，井水不犯河水，誰都不會跨越那道界線。這個安全的空間，讓我們既能夠體驗濃烈的情感，也能讓我們扮演窺視者的角色。

現在試著想像一下，看見兩個人在路上吵架的場景，和看到兩位演員在舞臺上吵架是截然不同的經驗。一部分的你會希望看這場街頭爭吵持續下去，畢竟可以看到人類強烈的情緒以引人注目的方式表達出來。但是同一時間，你也會因為侵犯他人的隱私空間而感到痛苦的罪惡感，還會感受到排山倒海而來的不自在，因為你出門只是為了買些雜貨，你沒有足夠的安全感來面對那些侵犯你個人空間的感受和情緒。

所以這兩個情境有什麼差異呢？

歡笑，是厲害的老師

想像一下，伴侶在你讀這本書時走過來，沒頭沒腦的開口問道：「你為什麼愛我？」這個問題突如其來，既沒有事先建立令人放鬆的空間，以討論兩人之間的感情，雙方對於這個問題也毫無共識。面對這個情況，你會產生什麼反應？你會平靜的進入自己的感受中，開始探索你們之間那豐富美麗的愛嗎？我很懷疑。你不會開始思考你為何愛他，而是會想著：這問題是從哪裡冒出來的？我做了什麼？我又忘了把馬桶座蓋回去嗎？他想要我回答什麼？他覺得我有外遇嗎？

重點是你不會再把焦點放在對方問的問題上，而是會專心建立起脈絡，一個讓如此重大的問題合理化的脈絡。

就像是一齣戲或一部電影會創造出專屬的框架，我們得以在其中見證和體驗日常生活中不見得會發生的事。所以與伴侶展開深度對談之前，必須先建立框架，帶著展開這種宣洩情緒和坦誠對話的共同期望，並且緊緊遵循讓彼此都感到安全的規則。

這就是為什麼必須讓兩位參與者都了解，自己是自願且有意進入這個專為對話打造的空間。利用本書提供的十二個問題（如果想要更多問題，可以參考與紀錄片同名的卡牌遊戲）對引導親密對話十分有用，因為這能馬上為你們的對話建立框架，變成一個遊戲。

決定玩這個遊戲後，你就會懷著回答連結性問題的目標，展開這段體驗。如果你不打算使用卡牌，那麼打造成功對話的關鍵，就是為這段體驗建立脈絡，設立與日常生活截然不同的規則。你不排斥的話，也可以稱之為遊戲。

事實上，我會鼓勵你盡量以輕鬆和充滿玩興的語調，為這段對話建立框架。別忘了，雖然這段對話可能會讓你陷入不同程度的脆弱和不自在，好讓你、伴侶和你們的關係變得更堅強、更睿智，但這段體驗也可以充滿歡笑和純粹的樂趣。**歡笑是厲害的老師，我們經常低估歡笑的力量**。將對話視為遊戲，既能為你創造的空間營造更輕鬆的氛圍，也能時時提醒，正如同其他遊戲，這些體驗是有其規則的。

規則，形塑對話的空間和尺度

規則並不是壞事。規則本身就是工具。是創意上的限制，也就是創作時面對的界線和規定，讓藝術家得以活躍發展，創作出最好的藝術品。如果畫家不先訂下規則，規定自己在一張畫布或一面牆上作畫，那麼決定作品的尺寸、比例和透視角度時就會毫無頭緒。如果我製作紀錄片前沒有先規定影片長度，我可能會花費數年辛苦創造一個長達十小時的怪物，根本沒人有耐心看完。同理，為對話設置界線的規則，能夠形塑對話的空間和尺度，確保創造出必要的安全感，讓參與者得以展露脆弱的一面。

許多伴侶覺得在諮商師面前討論自己的問題比較自在，其中一大原因就是因為諮商師的辦公室是個有規則管理、有中間人調解的空間。伴侶諮商可以是重要且有用的工具，我也嘗試過，並且認為非常有效。在伴侶諮商之外的場合自行展開對話時，別忘了先創造自己的空間和規則，如此一來才能學到所需的技巧，成為自己的中間人。

兩人可以創造出一個安全的環境，鼓勵自己展開坦誠、開放和自我探索的對話。

光是感受一起完成某件事情產生的力量，就能大大建立對彼此的信任。就算沒有真的「發生」或「達成」什麼事情，有時候光是待在你們創造的充滿養分的空間中，就已經足夠了。

拋下所有預設想法

懷抱著開放的心態展開對話，與懷抱著預設想法或期望是截然不同的。懷抱著探索感情關係的目標展開對話，屬於開放的心態，因為能夠接納所有可能性；但若是期望著某件事發生，或者更糟，期望著糾正伴侶或改變對方，就是在自設限制，要求你的伴侶產生特定的結果或行為。

如果你是為了探索流動的模式、意料之外的觀點和全新的相處方式，用特定的期待限制你們的體驗，難道不會局限這次經驗將引領你們前往的地方嗎？如果你只接觸自己已經知道的事物，是無法學會新東西的。這場體驗唯一的目標，就是讓你們一起在一個安全的地方產生親密的連結，誠實回答你帶進那個空間的問題，好讓你發現關於對方、關於你自己，還有關於你們之間的連結。相信自己，相信你的伴侶，相信這場體驗，不論最後得出什麼結果都是正確的，就算結果只是歡笑、困惑或沒特別的事發生，都沒有問題。只要設定了對話的界線及規則，創造出讓彼此情感上都感到安全的空間，那麼不論接下來的對話變得多麼令人不自在，你們都準備齊全了。

恐懼會照亮成長的道路。不論恐懼在哪裡出現，都要在兩人都感覺足夠安全、可以展現脆弱，同時又讓你們足夠有自信、可以面對不自在的空間中，一起面對那個恐懼，如此一來就能建立信任、鞏固連結、讓關係昇華，超越現在的狀態。

盡量保持彼此視線接觸

現在規則、界線和目標都已經定下來了，在外在空間中感到舒適也十分重要，如此一來就不會分心，可以完全踏進情緒上不適的狀態。

拍攝〔THE AND〕時，我和團隊想了幾個妙招做到這件事。我們喜歡讓參與者坐在不會嘎吱作響的椅子上，下方鋪一張舒適的地毯。也會在房間某處點一根蠟燭，感受空間中的能量流動。最主要的目標是讓參與者感到舒適，不會退縮。

參與者坐下後，我們會請他們從一數到十，一開始輕聲細語，最後漸漸變成用喊的，再開始對話。如此一來，參與者就會覺得自己在這個空間中擁有聲音主導權。導演會蹲下來面對參與者，讓他們從擁有權力的角度說話，感覺這是下對上，而非上對下的交談。導演還會與他們四目相對，除了幫助參與者進入空間，也是以身作則，希望他們展開對話後也能夠與對方四目相對。

以下提供幾個小技巧，可以幫助參與者在不熟悉的拍攝空間中像在家一樣自在。如果身處熟悉的空間，例如你家廚房，可以不用先大喊「十！」再開始對話。不過，要先觀察自己所處的空間。周圍有沒有讓你們分心的巨大聲響？是不是有很多事情在進行，可能會打斷對話？這是個讓你和伴侶感覺平起平坐的空間嗎？請務必選擇兩人都同樣感到舒適的空間，可以的話，盡量讓視線位於相同高度。

最後一點至關重要：比起說的任何話，在對話中保持視線接觸，可以更強而有力的豐富你和伴侶之間的連結。拍攝時，會確保參與者先花三十秒看著對方的眼睛，再問第一個問題，因為**我們已經一次次見證，相互凝望的時刻是多麼有影響力**。

不論是什麼人、從哪裡來，或長什麼樣子，所有人類都有著像黑瑪瑙一般的瞳孔。每個人眼中這塊閃閃發光的寶石，之所以有靈魂之窗的稱號，並不是毫無道理。你在伴侶的雙眼深處，看見了什麼難以言喻的美麗，看見了什麼無法訴說的真相？

展開對話前，先花點時間探索對方的雙眼吧。不論你看到什麼，看進對方的雙眼深處都會加強共通性，在開口前，就能點燃親密情感的火焰[2]。這個做法是為了讓你們全身上下都安於這個空間，盡己所能專注在當下。

04 相信身體告訴你的

深度傾聽是個必不可少的工具，能在展開對話時，幫助你們進入更深刻的層次。這個能力會讓你伴侶說的話深入你體內，聽見話語在你體內產生共鳴。深度傾聽會讓你確實了解一個人，這是所有真正產生連結的交流都必須具備的基礎。**在學會表達之前，你得先學會傾聽**。

2 作者註：如果無法直接眼神接觸或覺得太不自在，建議面對面閉上眼睛，同步呼吸三十秒。

傾聽內心深處的感受

最基本的深度傾聽是指用感受傾聽——意即全神貫注的感受自己，以及其他人在你體內燃起的火花。為了深度傾聽，你的心智和身體都會專注在伴侶說出的話上。你不會想著自己接下來要說的話。事實上，深度傾聽的時候，你什麼都不會想。你所有的注意力都放在兩件事情上：伴侶所說的話，以及這些話語讓你產生什麼感受。

現在先釐清一下我說的「感受」或「感覺」是什麼意思。我指的不是你的欲望，而是你骨子裡的感受。欲望和真正明白一件事情是不一樣的。我真的真的很想吃披薩是欲望；我真的不想跟那個人待在一起，因為他太自大了也是欲望。我們經常混淆感受和欲望。我說的不是表層的感受，而是指你直覺上明白一件事情的時候。你要傾聽內心深處的感受，而不是只做出表面反應。

你有沒有過這種經驗，你打算買禮物或居家用品而上網或去商場購買時，第一眼就看到了最完美的選項？感覺就是對了。但是你告訴自己應該繼續尋找，看看有沒有更好或更便宜的選擇。於是你花了接下來一小時的時間，逛遍每一間店，最後還是買了你第一眼看到的東西。

或者是你在公眾場合的時候，突然之間，有個人因為某種原因吸引了你的目光。不知道為什麼，但你覺得應該跟對方說話。那不是出於欲望或外貌吸引力，是別的原因。不確定為什麼，但是你覺得一定有某種原因，讓你必須與對方交流。通常說不上來有什麼道理，但是內心深處的直覺就是明白。接著，你與對方說話，發現你們之間存在美妙的共時性[3]，或者發現他為你一直在追尋的事物提供了有用的資訊。又或者，如果沒有與對方攀談，就會一整天毫無道理的想著對方。

當你開始我所謂的深度傾聽，就會進入這種層級的感受。相信你的身體和心靈傳達給你的感受，這就像是你的直覺一樣，不一定非要有道理不可。那種感受自有其邏輯，或許現在無法理解，但是之後就會明白。

3 編按：共時性（synchronicity）是瑞士心理學家卡爾・古斯塔夫・榮格（Carl Gustav Jung）一九二〇年代提出的一個概念，描述「在時間上同時或巧合發生的非因果性事件」。

所以該怎麼做呢？

這很類似冥想時，拋開所有想法的過程。沉入你的身體中，並開始留意隨著伴侶的話語浮現在身心上的所有感受。你的肩膀緊繃嗎？對方說的話讓你感到焦慮嗎？對方說的話是不是讓你感受到一陣陣的驕傲、渴望或柔情流過你的腸胃？對方說完話之後的停頓，是不是讓你產生了站在懸崖邊的暈眩感？

將注意力放在伴侶說的話和你身體做出的反應上，你就會完全沉浸於當下的對話中，發現自己可以不費吹灰之力的與伴侶和自己最高層次的狀態產生連結。

身體傳遞的訊息，腦袋想不到

你可能會問：「如果沒辦法思考要說的話，我要如何盡可能投入談話呢？我要怎麼知道我的身體說什麼？」這是合情合理的顧慮。我們太習慣仰賴自己的心智而不是身體，因此幾乎沒什麼機會見證感受所擁有的大智慧。但是相信我，那種智慧確實存在，而且好好的存在於你的情緒中。

感受和情緒都儲存在身體中，需要做的就是慢下來，騰出一個空間，讓感受透過你的身體發聲並帶進對話中。方法很多，其中一個最好的就是注意你的呼吸。你的呼吸是深是淺？你的呼吸想去哪裡、不想去哪裡？你的呼吸在哪裡卡住了？這些都是告訴你身體哪裡緊繃的指標，而且能快速讓你進入深度傾聽的狀態。

身處這個時代，你可能會覺得那難如登天。隨著科技發展，幾乎所有人都有加快腳步的衝動，希望事情都盡可能達到最佳效率和即時反應。

現在和未來都將重心放在動手做，緩慢又強調自然的感受便處於消失的邊緣。即使不在消失的邊緣，也生疏了。但是感受內心深處和意識到自己的感覺，是身而為人的能力，使我們與科技有所區別，引領我們得到更深刻的東西。不管人工智慧變得多進步，思考的速度有多快到人類無法理解，人工智慧永遠都無法擁有感受的能力。這是全人類共有的，且無法被剝奪的超能力。

感受也會隨著自己的步調產生，不能催促或讓感受像超級電腦那樣飛速運轉。因此伴侶說完，且你也聽完對方說的話語後，可以稍微沉默，思考這些話語，及其讓你產生的感受。

事實上，我會鼓勵你花一點時間，讓那個開放又豐饒的空間綻放開來。可以在那塊沉默的空白畫布上，開始構思回答。如果你一直在練習深度傾聽，或許不需要絞盡腦汁就會知道，會發現充滿洞見的回應，已經在面前等著。在直覺的帶領下，不費吹灰之力就找到了。即使回答看起來沒什麼道理，也得表達出來。那是身體想告訴你的事，所以就說出來，看看結果如何吧。如果只靠腦袋和經過認知處理的想法做出反應，是無法得到這個結果的。

我首次注意到深度傾聽，是我初成為製片人時。每次製作紀錄片，都要先進行數小時的訪談。隨著詢問越來越多問題，我開始注意到，如果我越專注思考受訪者的話語帶給我的感受，我提出的問題就越好；而如果我試著搶先受訪者一步，在他們說話的時候無意識的微笑和點頭，一邊絞盡腦汁思考下一個好問題，我通常只會想到與對方脫節又沒什麼深度的問題。這種問題只會得到籠統的回覆，不是在預料之中，就是沒什麼情感分量的回答。但如果我全神貫注的聆聽受訪者和我自己的聲音，還有我們之間建立的連結，我就會完全沉浸於當下的對話中，得以感受到下一個要問的問題。

只要傾聽我的身體，那個問題就會像直覺一樣出現，毫不費力的展現出來。

一開始我確實很難相信，竟然會有這種事。我的頭腦總是想讓接下來所有的問題都排好隊，一出現沉默的跡象就趕緊塞一個問題到對話裡，而要拋下這個慣性並不容易。但是我一次又一次的見證，只要沉浸於自己的感受中，當下最合適的問題就會浮現出來。這整個過程既不費力又十分可信，感覺幾乎就像開啟了通往某個東西或某處的入口一般。你可以稱之為集體無意識[4]、源頭、宇宙、高我，或者任何你覺得合理的稱呼，但是這些完美的問題似乎是來自其他地方，另一個更睿智的意識。

開始相信這個過程很有效後，便一頭栽了進去。如此這般進行訪談數年，但我一直沒有給這個偶然發現的工具取名，直到我開始拍攝〔THE AND〕。我拍攝了多不勝數的對話後，才開始意識到沒有深度傾聽會帶來危險。我注意到即使參與者專心聽伴

4 編按：集體無意識是由瑞士心理學家榮格所提出的整體性的心理架構概念，認為人可以分層三個層次，集體無意識是人格結構最底層，人們一直都意識不到的東西。榮格曾用島比喻，露出水面的是人能感知到的意識；由於潮來潮去而顯露出來的水面下的地面部分，就是個人無意識；而島的最底層是作為基地的海床，就是集體無意識。

侶說話，如果他們沒有投入情緒之中，就會使用我稱為文化口號的說詞回答問題，而非出自於這段互動，或這段特定感情關係的真實反應。

不要被社會框架局限了

我曾拍攝過一系列對話，主題是邀請兩個單身者初見面，看看兩人之間會不會燃起浪漫火花。每次問出「你覺得我為什麼單身？」這個問題時，許多參與者都會反射性回答：「因為你還在認識自己。」這實在發生太多次了，儘管參與者的出身背景五花八門，這個回答還是出現在許多場對談中，因此我不相信這是參與者連結到真實的想法後自然說出的回答。我覺得那就是一種**文化口號**——**這是社會給予的設定，讓我們認為這是當下最合宜的回答**。

但真的是這樣嗎？孑然一身真的是讓我們釐清自己與他人關係的最好方式嗎？觀察自己與他人在一段關係中跳起的舞步，從對方身上、互動中學習，這難道不是探索自己的最佳方式嗎？這就是我們為什麼必須繞過心智關注身體，因為那是感受真正存在的地方，如此一來才能培養更深刻和真實的連結。

「與」這個字除了指兩人之間的空間，也代表著心智與身體間的空間。要連結身體的感受，以及心智表達感受的能力，才能展開深度傾聽。**連結身體、傾聽感受，相信身體告訴你的話**。

在開始介紹最後一項工具之前，我們先回顧一下深度傾聽的運作方式：

- 將意識全心投入在伴侶說的話上。
- 以好奇的心態，時時刻刻覺察自己身心上的感受。
- 在伴侶說完話之前，先別去思考你要回應什麼。
- 對方說完話後，繼續沉浸在感受中，能產生共鳴的回應或許就在那裡等著你，即使那所謂的回應只是具體又連結彼此的沉默。別忘了，不一定要有道理。讓你的身體說話就對了。
- 注意你的呼吸，這是理解和重新連結身體的絕佳方法。

・信任你的直覺和接下來出現的想法，然後大膽的分享出來。

如果你只知道關於法國哲學家笛卡兒（René Descartes）的一件事，那或許就是他用「我思故我在」（I think, therefore I am.）這句話，動搖了十七世紀的思想根本。這個想法在他身處的時代可說是顛覆一切，但是在我們這個時代，認知處理已經逐漸成為電腦的工作，我相信如果將笛卡兒的名言改成「我感受故我在」，人類（尤其是人類的各種關係）應該能大大受益。這句格言可以顛覆二十一世紀的認知哲學，以及科學形塑的方式。

05 用「我的感受是」當開頭

假設你進入一個清楚界定的空間，透過深度傾聽探索強而有力、組織完善的問題所引導出的答案，就能提升我所謂的情緒表達能力。這個做法是賦予情緒聲音，如此一來，不論聆聽者是誰，都能聽見情緒中的力量和分量。

你或許聽過一個（現在有點過時的）詞彙，叫做情商，也就是感知、理解和同理他人情緒的能力。情商對於展開這些對話至關重要，但這只是第一步。想要表達情緒，就需要學習理解情緒，以及用言語描述將感受從抽象變得具體的能力。

學習如何以誠實、清晰和易懂的方式向伴侶表達情緒，可以將對話深度提升到另一個層次。不過，這件事不像聽起來這麼簡單。

在我們的社會中，很少人在成長的過程中學會這個技巧。大多數人對情緒的體驗都不一樣，也有許多人很難用言語描述情緒。每當我們試著掏心掏肺表達內心感受時，社會文化總是不贊同，告訴我們這都是陳腔濫調，或者太「浮誇」了。忘掉這個制約反應需要一個過程，一開始會讓我們在學習情緒表達時感到不太自在，但是實際進行本書所引導的對話，是磨練技巧的好機會。

每次坐下來，跟人面對面展開讓彼此產生連結的對話時，就會發現你能越來越輕鬆的描述自己的感受。幸好你不必成為情緒表達大師，也能夠展開成功的對話。不論以什麼方式進行這樣的對話，都一定能讓情緒表達的技巧更為精進。

沒說也感受得到，但說了更好

還記得有次，我的大舅子和他女兒玩〔THE AND〕卡牌遊戲的情景。當時正好是耶誕假期，壁爐裡燃著溫馨又暖和的火焰，剛吃完晚餐的我們圍坐在一張大桌子旁。

他兩個正值青春期的女兒非常想玩，所以我們決定玩家庭版卡牌遊戲。大舅子是個善良又大方的人，且珍惜家人勝過一切，但那晚他坐下來玩遊戲時，對於情緒表達還不太熟練。

開始對話後，他十九歲的女兒抽出一張卡片，上面的問題是：「你最欣賞我哪一點，而且那件事是我不知道的？」我們開始輪流分享自己對她的看法。輪到她父親時，他的表情都變了。他內心顯然感受到非常強烈的情緒，想要宣洩出來，卻摸索不到正確的詞語。猶猶豫豫、結結巴巴的說了幾個字，但他越努力嘗試說出自己對女兒的感受，就越難清楚表達想說的話。情緒像撞上水壩的湍急水流，最後終於從他的淚管噴灑出來，因為他無法好好的將那些感受轉化成文字。

不論如何，那個瞬間都極為震撼。因為兩人的眼神接觸，並且都願意一起坐在那個空間裡，這股情緒的本質便從父親轉移到了女兒身上，即使他並沒有用話語表達。不論他說了或沒說什麼，她都感受到父親的愛。但如果他能夠將當下的情緒轉化成文字，豈不是更美妙的禮物？體驗過那個時刻後，大舅子終於有機會鍛鍊情緒表達，舒展表達想法的肌肉，這樣下次就能更順利的以話語表達自己真摯的情感。

那要如何學會這個技巧呢？我的建議是，如果要克服大多數人在表達情緒時會自然感受到的不適，就需要不斷的練習、練習、再練習。幸運的是，一旦你決定展開本書中所引導的對話，你就已經給了自己寶貴的機會練習這個技巧。詢問本書中的十二個問題，或者玩｛THE AND｝卡牌遊戲時，請格外留意你是否能輕鬆的將對話中感受到的各種情緒，以文字作為媒介傳達出來。

備受讚譽的休士頓大學（University of Houston）研究教授布芮尼・布朗（Brené Brown），在她令人獲益匪淺的著作《心靈地圖》（*Atlas of the Heart*，暫譯）中提到：「語言是我們通往創造意義、連結、治癒、學習和自我意識的入口。找到正確的字詞就能開啟整個宇宙。」這就是為什麼她的著作致力於以文字描繪出八十七種左右的情緒。對於哪些文字會連結到哪種情感有所共識後，會讓我們更容易理解彼此。

你和伴侶詢問對方問題時，要確保雙方都處於深度傾聽的狀態。如果想以真誠又忠於自己獨特視角的方式提升情緒表達的能力，深度傾聽就是最棒的夥伴之一。還記得深度傾聽會讓你們運用自己的身體，注意隨時出現的直覺感受，讓最適合當下的回應浮現出來嗎？跟隨你的感受前進，可能會讓你看見一幅畫面，或者生活中的一則小趣事，乍看之下跟對方問的問題沒什麼關係。

不論出現的東西是多麼怪異或離題，都要試著說出來，可以從「我剛剛想到的是」或「我的感受是」開始。要相信直覺引領你到了正確的地方。如果你對情緒表達感到吃力，用譬喻和說故事的方式表達感受，會是非常有用的練習，因為這兩種方式都可以巧妙的將情緒這種龐大的概念整理起來，塞進名為文字的小小容器中。

除了深度傾聽自己的聲音，也別忘了注意伴侶的話語帶給你的感受。也許你會注意到對方用一個十分生動的詞彙描述，你就能將對方表達的方式融入自己的話語中。有時候，伴侶會擁有我們追求的情緒表達能力，因而成為最佳模範，越常與對方展開這樣的對話，就能學到越多。

另一個寶貴且有助於學習的資源，就是{THE AND}影片本身。誠摯邀請各位，觀賞我們上傳到 YouTube 上的數百段對話影片。仔細觀賞，看看你認為參與者哪些時刻的情緒表達非常傑出、哪些時候差強人意。我認為班（Ben）和希卓拉（Sidra）的影片是很好的開始，這對夫妻回來拍攝好幾次，表達感受的技巧令人深深著迷（影片請掃描第二九七頁 QR Code）。

用言語形容感受，是給彼此的最棒禮物

他們最近一次展開的對話，是由希卓拉開始，她是個高䠷又動人的女子，雙眼和垂在上方的瀏海是相配的褐色。她先詢問班：「我今年做的哪件事讓你最驚喜？」班深深吸了一口氣，灰綠色的雙眼往上盯著天花板看了一陣子，讓自己沉浸在感受中。這些感受讓他想起一個強烈的回憶，他懷著非常豐沛情緒，鉅細靡遺的分享起。

「我翻找妳的背包，」他開始說，又急匆匆的補了一句：「因為妳要我拿個東西！」然後便大笑起來。

班發現希卓拉的背包一團亂，他活靈活現的將其形容為「雪貂窩」。背包裡塞滿了希卓拉胡亂塞進去就忘得一乾二淨的垃圾，甚至包括「一整條爛掉的香蕉，感覺放了一個月，而不是一個星期」。班等了一陣子，讓他和伴侶盡情大笑之後，才讓與回憶連結的情緒帶他回到比較正經的狀態。他收起笑容，隨著故事的核心，他眼中浮現一股熱切強烈的情緒。

「同一時間，妳在跟保險業務員談論火災的事，而我在聽妳講電話。」突然之間，他從頭到腳都因為欣喜而充滿活力。他對希卓拉露出燦爛的微笑，繼續說道：「就是這個時刻，我看見兩個幾乎不可能並存的特質，同時出現在同一個女人身上……看著妳做了一件、一件、又一件事，而且妳還得一邊照顧孩子，一邊處理手頭上其他事情，又同時能當個了不起的母親。」

在我看來，班的身體已經盡其所能，以最完整的方式向伴侶表達了自己內心的情感。可以從手勢、肢體和臉上每一吋笑肌看出來，看著妻子優雅從容的應對如此棘手的場面時，他感受到最純粹的快樂。他看見希卓拉的堅強，又看見她的背包顯示出那時的生活是多麼有壓力又忙碌，他的敬佩之情從雙眼中滿溢出來。他對她的才幹和脆弱感受到的愛，以及同時見證兩個面向而感受到的欣喜，都是顯而易見的。

班說這個故事時，讓我們和希卓拉都清楚明白他的感受，但是他還沒有說完。他最後說道：「可以看到妳同時做這兩件事情，對我來說是真正的喜悅。」他將流竄全身、溢出雙眼的情緒，以一個簡單的詞彙表達出來。

班需要明確的說出自己感受到的情緒是喜悅嗎？希卓拉豈不是已經見證了，他用其他方式表達了嗎？**人們有許多不需開口就能傳達情緒的方式，與伴侶對話時，每一種都是珍貴、強而有力，並且能與對方建立連結的方法**，而文字只是其中一種。

我不會說文字是最重要或最有效的，但是看看班說出喜悅時，希卓拉的反應：她雙眼噙滿快樂的淚水，抿著嘴露出微笑，看向班時流露的愛意表露無遺。班一說出自己的情緒，她便笑逐顏開。她甚至往後挪動了半吋，彷彿是班的喜悅化成一股力量擊中她，讓她徹底被征服。

即使在主要由文字構成的對話中，還是有很多方式可以與伴侶分享感受，所以何不試著去磨練情緒表達的技巧呢？就能像班對希卓拉那樣，給予伴侶這份珍貴的禮物。剛開始學習時，可能會覺得不自在，但是你得將這項技能視為向生命中的所有人表達愛意的實際行動。用言語形容感受，是我們能給予彼此最棒的禮物。但假如發現沒有一個詞能形容你的感受，那麼只要一小段讓彼此產生連結的沉默時刻，就足以傳達一切。抓住伴侶的目光，讓你的情緒流淌在你們之間的空間中。

第二部

愛的 12 問

第二部是我所見識到的，持續加深親密伴侶之間連結的 12 個問題；以及最重要的，這些問題為什麼以及如何起作用。

在我們共享的回憶中，你最喜歡哪三個？為什麼你珍惜這些回憶？

What are your three favorite memories we share and why do you cherish them?

展開宣洩情感的對話，有時可能覺得身處情緒風暴中，有時淹沒在產生連結的純粹喜悅裡，有時感覺像為感情關係做開心手術，或者同時感受到上述所有情緒。對，確實可能令人難以招架。

所以，深入連結之前，務必先提醒自己，這段關係最初為何存在。你確實會被伴侶的某些特點吸引，但是一起創造的經驗，才是感情關係的基礎。重新回想，讓作為感情基礎的愛與信任成為焦點，鞏固你們之間的連結，為即將到來的新經驗做好準備。

唯有樹根強壯，整棵樹才會強壯。樹根往土裡扎得越深，樹就能長得越高，樹長得越高，對抗外力破壞的韌性就越強。伴侶之間的對話亦是如此。假如對話的基礎建立在促使關係開花結果的愛和信任上，就會有足夠強壯的基礎開枝散葉，延展到無人知曉、無人探索，甚至令人不自在的領域，同時仍然有能力安然度過所有可能出現的風暴。

第一個問題的作用，是鞏固你和伴侶之間的連結，藉由一起創造的珍貴回憶，提醒你們這段關係的根已經深深交織在一起，以此將關係固定在一個正面的空間裡。

回想第一次相遇產生的火花

這段對話經過精心設計，一路追隨感情的軌跡，從感情的開始為起點，一直到夢想中共築的未來。這個問題是請你們回到共同的過去，追溯印象最深刻，並且引領你們走到現在的足跡。

一段感情關係，是存在於過去與未來持續不斷的推拉之中。一切就從兩個人相愛的A點開始，隨著時間朝遙遠的Z點移動，也就是伴侶對未來共有的希望和渴望，而A到Z之間存在了許多大大小小的時刻。

不過，事實上Z點是無法真正到達的，至少在關係結束前都不會。因為每一段關係和共享關係的人，都會隨著人生改變，新夢想和新計畫不斷出現，將Z點推向更遙遠的未來。

因此，你們的關係永遠會飄浮在起點和終點之間，而中間的空間不斷變化。那個空間就像一片廣袤的海洋，而你們的感情是一艘船，航行在挑戰和冒險捲起的波濤上。航行在這片汪洋上，但是海水本身不斷在變動，讓這段共同的航程加速、減速，或者改變航道。

雖然Z點總是遠在天邊，且當下的位置隨時在改變，但這段感情的A點是穩定不變的，扎根在共同創造的美好回憶中。可以將其想像成，一起離開並展開航行的美麗濱海小鎮。行駛在當下，遭遇到人生中的種種改變和凶猛風浪，回想過往的那座小鎮不只能帶來慰藉，在持續冒險的過程中，那也是一股安定、指引的力量。

為了更了解現在身處的位置和即將前往的方向，千萬要記得你們是從哪裡出發的。這在日常生活中並不是一件容易做到的事。一起航行的海洋，確實將你們帶到了距離起點很遙遠的地方。你們的關係已經與剛墜入愛河時不同了。也許海浪變平靜了，變得更舒緩，或者是變得比原先更平穩。又或者你們正航行在掀起驚濤駭浪的大海中央，也許很刺激或很嚇人，或是兩者皆是。

不論現在在哪個位置，散落在這趟旅程上的種種回憶，都是只有你們同心協力才能攜手創造的。回到起點，看看一起走了多遠，便足以建立伴侶間的信任。除此之外，這也是認可你們的連結。你們創造了換作是別人就會截然不同的回憶。獨特的連

結形成一加一大於二的效果，創造出來的回憶獨一無二，就像這段感情的指紋一樣。

人生中充滿風雨與低谷，很容易就忘記因兩人結合而產生的種種可能性，以及是什麼鞏固了你與那個一同度日的人之間的愛。這個問題會請你們專心思考最珍愛的回憶，為你和伴侶強調，這是因為共享了空間和時間才得以創造出來的一切，這個過程事實上也會鞏固彼此之間的連結，擁有面對當下的信心。

回答時可能會發現，你挑選的三段回憶與伴侶的選擇不同，或者你們其中一人回想起一段遺忘已久的美妙回憶，直到討論這個問題時才挖掘出來。幫助彼此回想這些產生連結的時刻，鞏固這段愛情的基礎時，也好好享受樂趣吧。別忘了，接下來要一起創造的回憶，將會呼應過往。獨特的結合會產生一加一大於二的力量，可以將共度的時光，轉變成回味無窮、鍾愛無比的故事。誰知道呢？或許這次對話就會成為那種美好的回憶。

當參與者回來進行第二或第三次對話時，我都會再請他們問這個問題，而每一次的選擇幾乎都不一樣。雖然這個問題是與過去有關，但也是提醒你和伴侶，你們隨時都在創造回憶。揭開這些珍貴的記憶是提醒你們，同樣甜美的新故事也在不斷誕生。

將歡笑重新寫進故事裡

凱特和克莉絲汀娜參與對話時，這兩位年輕女子已結婚五年，有不勝枚舉的美好回憶可以選擇。凱特詢問問題後，克莉絲汀娜便睜大了藏在鏡片後方的褐色眼睛。她接著瞇起眼，思索著想要分享的回憶，長長的辮子垂在她的臉龐邊。

「太難了，因為有好多！」她一邊說，一邊用長指甲敲著下巴思考。削了超短髮的凱特大笑起來，接著便向後靠，給予克莉絲汀娜搜尋往事的空間。我敢打賭，凱特也在搜索儲存了她們共同回憶的龐大資料庫，好奇自己的伴侶會選擇哪些。

「我想我會選擇讓我哈哈大笑的回憶。」克莉絲汀娜最終說道。於是她娓娓道來，兩人有次差點不小心闖進別人家的經驗，而就在她開始說故事時，克莉絲汀娜因為回想那個時刻而感受到的歡樂，當下也轉移到凱特身上。凱特露出大大的笑容，開始咯咯笑起來，回味起她們那次闖的禍。

「發現我懷上傑克森時，」克莉絲汀娜繼續說道：「真是如夢似幻的時刻。說真的，我當時想著，天啊，真的發生了。卵子和精子結合，我心想，『哇，太酷了吧！』」她又一次逗得凱特哈哈大笑起來，這次克莉絲汀娜也跟著笑了。我認為她們接下來每分享一段回憶，兩人之間的連結就越來越牢固。她們開始與對方同步動作，同時大笑，頭以同樣的角度斜向一邊，兩人都露出明亮又燦爛的笑容。

「好了，兩個了。」克莉絲汀娜停頓一下稍作思考。「或許還有那趟到紐澤西的長途旅行。為了看那棟房子花了兩三個小時，結果在玉米田裡迷路了。然後還搭了一個陌生人的便車，心想著會不會被殺掉。」克莉絲汀娜的故事又一次讓凱特哈哈大笑，但這次是不敢置信的大笑。凱特因為震驚而瞪大雙眼。她似乎認為這不算是個正面或值得珍藏的回憶，至少對她而言不是。這是個可怕的回憶。

「哇。」她很驚訝，這居然是克莉絲汀娜喜愛的回憶。

克莉絲汀娜解釋：「因為我跟妳在一起，所以很好玩！而且我們活下來了。」凱特看向地面一陣子。她點點頭，然後露出微笑（影片請掃描第二九七頁 QR Code）。

這段在她心中一直蒙著負面陰影的回憶，是不是徹底被重新改寫，變成她歡笑與喜悅的泉源了呢？但聽完伴侶對這段故事的看法，真的能讓她就此改寫故事嗎？

全新視角的價值

過去是由回想起的種種時刻所組成的。但在那些時刻發生的當下，就已經在創造回憶了。有時候需要以他人為鏡，映照這些回憶，才能提醒我們人生是多麼豐富多彩。任何一段關係能給予最好的禮物，就是對方幫助你記錄下人生中最重要的時刻，並且以截然不同的視角看待那件事情。

看看凱特和克莉絲汀娜的例子就知道了。

克莉絲汀娜看待她們共同經歷的事件的觀點，影響了凱特回憶時的情緒。雖然無法確定，但或許更了解自己的伴侶如何看待那件事後，凱特的回憶便永遠改變了。

這在我的人生中也發生過很多次。正是因為如此，我認為只比我小了十五個月的弟弟，是父母給過我最棒的禮物。因為我們年齡相仿，所以他參與了我人生中許多重大時刻。

每次聽他站在自己的角度，重新講述我們共同經歷的事情時，他總是能夠以全新的情緒，還有我之前從沒注意到的細節，讓我的回憶變得更加五彩繽紛。突然之間，我的過去便有了更多深度、有了更多脈絡，也有了更多意義。

與所愛之人創造新回憶是如此美好。假如能和他們一起盡情回想，最後重新創造回憶，豈不是很美妙？如果將自己的人生，甚至是身分，視為各種經驗層層疊加的成果，那麼只要心中的回憶越豐富、越鮮活，人生也會變得越豐富、越鮮活。

除此之外，回憶是會隨時間改變的。與伴侶聊一聊的話，就能注意到對同一件事的回憶在哪裡出現分歧，進而了解彼此在相同回憶中，各自認為最重要的部分。會選擇記得的事情，通常表示那是我們最重視的事情。

問這個問題時，有些參與者會很難找到最適合提出的回憶。他們會想破頭尋找完美的故事、最喜愛的回憶，或最深刻的時刻。但是別忘了，這個問題沒有標準答案。不論浮現什麼回憶，都是最適合當下這段對話的回憶。

如果你發現自己難以抉擇，就試試看深度傾聽。試著不要去思考想分享的故事，將注意力放在情緒上。**情緒會帶你找到三個產生共鳴的回憶，那就是最適合對話發生當下的回憶。**

「你的特質，讓我想到身而為人最美妙的面向。」

——蓋碧瑞兒

◀ 蓋碧瑞兒 vs. 露娜

「8 年友情昇華為戀人」
掃描以觀看完整對話（英文發音）。

你對我的第一印象是？
之後又產生什麼改變？

What was your first impression of me and how has that changed over time?

愛上伴侶通常是因為第一印象，我們會憑藉著最初的印象，告訴自己對方是什麼樣的人。若是如此，接下來就會在這段關係中，不斷與那個吸引我們的最初印象展開對話，同時也挑戰著那個印象。當行駛在人生的航道上，被海浪推著迎接無法逃避的改變時，那最初的印象就是穩定船身的船錨。

那充滿吸引力的第一印象會永遠存在，不管是好是壞。但是，不論第一印象有多麼強烈，那都只存在於你心中。初次見面後，你的伴侶一定會改變，你也一樣。你們都不再是當初墜入愛河時的模樣了。但是，你們仍然緊抓著當年那兩人不放嗎？那固定在往日的船錨，阻止了你或你們成長為全新的自己嗎？你對另一個人的第一印象是什麼？在你們一起或各自成長的過程中，故事又如何發生改變？

順勢而流或逆流而上

一起走上人生旅途後，這段關係展開的故事，就會不斷挑戰你對伴侶的第一印象。重新回想的第一印象會與你面前的人形成鮮明的對比，讓你從全面的視角看見對方這一路走來的改變。

也許，伴侶在某些方面發生了微小的改變，你幾乎察覺不到，或者視之為理所當然；又或者你不想承認那些改變，因為那些改變漸漸讓對方變成你不愛的模樣。有些人，或者說有些人內心的一部分會希望一切保持原狀，不要發生絲毫改變。回答這個問題時，就有機會探索伴侶身上發生的所有改變，讓你明白你們各自產生了什麼樣的變化。這讓雙方都能活在不斷變化的當下，而不是試著逆流而上回到過去。

重新回想第一印象時，自然而然會問自己如何看待那個形象，即便這個形象已經不存在了，仍然在你的腦中和心中占據很大的位置。你愛的仍然是那個人嗎？你是不是以伴侶從前的樣子作為標準來要求他，而不是珍惜那些讓他成為現在這個模樣的種種改變？對方的改變是有害的嗎？如果你多加留意或介入，就能夠幫助他改善嗎？

還是說對方隨著時間流逝產生的改變，是最令你驕傲的事情？如果指出對方的改變，或許會給你一個機會，告訴伴侶你早已注意到對方的勇敢、堅強和成長。你最近有告訴他這件事嗎？現在是不是告訴對方這件事，讓他獲得能量的最佳時機呢？

不論如何，都說出你對改變更全面的觀察，建立兩人之間更深刻的信任吧！那些改變是你們一同經歷一切的證明，是這趟旅程上的路標和地標，提醒你們今天不一定會和明天一樣，反之亦然。

看見對方的變化

奇斯問卡蒂自己有什麼改變時，卡蒂揚起眉毛，仔細觀察此時此刻坐在她對面的伴侶。她回答：「很多。」她看著伴侶剃得很短的頭髮，打了好幾個耳洞的耳朵，還有與綠色襯衫和領結相稱的那雙專注的綠色眼睛，回道：「很多。」

奇斯臉上閃過一抹隱隱的驕傲，因為他知道卡蒂明白他這趟旅程是多麼漫長而複雜。卡蒂全心投入這個問題，她繼續說：「你知道的，像是身體上的改變，因為你從女性變成男性。」她停頓了一下。她顯然想繼續說下去，而她感受到奇斯此時朝她傾身，好奇的想知道她注意到哪些改變，或許是他照鏡子時從未發現的。

「你一直對工作充滿熱忱，」卡蒂繼續說，她等待字詞浮現在她心中時，一直前後搖晃頂著一頭黑髮的腦袋。「但是我覺得你現在更有熱忱了，我覺得你真的真的是一個真正的生意人了……而且你看，你很喜歡自己現在的樣子。」

卡蒂分享自己對他的看法時，奇斯臉上露出大大的笑容。聽見伴侶驕傲的說她看見他成長為自己喜歡的樣子，他會有什麼樣的感受呢？從他的表情來看，聽見對方說自己的轉變不局限於外表，此刻，真實的奇斯能夠以從未有過的方式讓外在世界看到、注意到，他似乎真正的鬆了一口氣。

「我很高興聽到妳這麼說，」奇斯說：「有時候我不能確定，妳到底有沒有看到我的改變。」

奇斯和卡蒂讓我們知道，注意和討論另一個人發生的改變，會是個賦予對方能量的禮物。當我們積極經營自己，努力讓世界看到自己更善良、更堅強或更真實的樣子時，要立刻察覺自己有沒有達成目標，並不這麼容易。若沒有鏡子，眼睛是無法看見自己的。但如果我們的伴侶、最親密的知己，誠實的告訴我們，對，我們確實在成長、在改變，逐漸成為想變成的樣子，難道不會讓人大大鬆一口氣嗎？這難道不是促使我們繼續向前的最佳鼓勵嗎？

不過，這個問題不只能夠創造讓對方認可你的機會，奇斯和卡蒂充滿力量的互動，就展現了這一點。繼續討論奇斯的轉變和他經歷的變化時，討論到假如他沒有繼續改變，或者改變得不夠快速，可能會產生什麼問題。卡蒂給予奇斯力量，鼓勵他繼續走在現在這條路上，但是如果他停滯不前，會發生什麼事呢？如果他要選擇另一條路，會發生什麼事呢？

「根據我之前的感情經歷，我會有所預期，」卡蒂告訴奇斯：「像是事情發生的方式、人們轉變的方式、做事的方式。所以我有時候會害怕，害怕什麼都不會發生，或是我會失去耐性。」

當卡蒂說這番話的時候，奇斯專注的看著她，一直緊張的搓手，雙眼瞪得大大的。他為了聽清楚而往前傾身，因為忐忑不安而紅了鼻頭。看來討論到這個主題時，不是只有卡蒂感到恐懼。奇斯是認為卡蒂要給他下最後通牒了嗎？他的轉變需要遵循什麼時程，這段關係才能繼續下去嗎？

卡蒂繼續說：「但是，即使改變沒有發生，我還是想跟你在一起。你應該知道這件事。」

「我不知道，」奇斯回答。在他體內逐漸堆高的緊張和恐懼消散了，他深深鬆一口氣，兩眼噙滿淚水：「謝謝妳告訴我，我並不知道。」

此時已經可以看出來，這一刻的對話和澄清為他們的關係開啟一扇門，迎接先前並不存在的全新可能（影片請掃描第二九八頁 QR Code）。

改變是自然且不可避免的

改變，是人生中一股強大的力量。事實上，那是唯一會持續不斷發生的事情。**生命中唯一能肯定的事，就是萬物會不斷改變**。只有到死亡之後，一切才會停止變化。改變會掌握我們對未來的期待；改變會讓我們充滿懷舊之情、感激、憤怒或寬慰。但是，注意觀察改變如何進入你的人生和感情關係中，會讓你更全面的了解伴侶，也會更了解人性。

隨著時間流逝，再加上對伴侶的成長有更深刻的認知之後，通常會讓你們對曾經共處的時光，產生不同的理解和想法。留意和欣賞這個過程，將會讓你有另一個理由，感激自己對伴侶的印象隨著對他的認識而改變。反思你以為自己當時了解的事情，可以讓你以驚喜或稍微不同的角度，檢視你們共同的回憶。

接下來的例子，你們可能會覺得很熟悉：當剛開始交往時，伴侶告訴你一件小趣事，一件關於他的事。一年後，對方又告訴你同一件事。他們重新訴說這個故事時，你可能會想：「我已經聽過了，你只是重說一次。」

對，確實是重說一次，但是那個小趣事的意義已經變了，因為你對那個人的理解也變了。突然之間，你可以用心靈之眼，看見伴侶以更清楚、更完整的模樣講述那個故事，因為你更了解整個來龍去脈，也更了解對方了。那個故事曾經是一個意思，現在是另一個意思了。

舉個簡單的例子，你們第一次約會是去搭雲霄飛車，兩人都玩得很愉快。一年後，你才知道你的伴侶其實非常害怕雲霄飛車，但他還是假裝勇敢，只為了讓你留下好印象。此刻，對方在第一次約會時做的事情，就有了全新的意義：他面對自己的恐懼。原本看似只是一段愉快的時光，其實是伴侶為了與你產生連結，而鼓起勇氣面對恐懼的舉動。比起一開始，你現在一定更加欣賞他的行為了。

人類幾乎不像表面上看起來的那麼簡單。需要花時間建立真正的親密關係，才能揭開身上層層包裹的面紗。第一印象會吸引你，但是你對那個印象的理解，會隨著時間改變、加深和拓展。你是否曾意識到這個過程？你是否能夠接受和擁抱自己對身邊那個人不斷變化的看法？你是否一直在重新發掘他全新的樣貌？在最有活力、最浪漫的感情關係中，伴侶會試著持續探索對方，關注他們身邊那個一直不斷在改變的人。

當這些問題和伴隨而來的情緒出現時，請溫柔的觀察：你是否曾因為希望伴侶保持原本的樣子，而阻止他追求改變的自然傾向？或者，從另一方面來說，看見伴侶成長為現在這個樣子，是不是令你感到喜悅？請把握這次機會注意一下，你是緊緊抓著過去不放，還是把握當下。

改變是自然且不可避免的，是值得珍惜的事，也提醒你們已一起走了多遠的距離。所以先別急著評判好壞，試著以好奇又客觀的方式看待改變吧！如果你溫柔的觀察這些變化，而不是急急忙忙的批評，或許會對自己的發現感到又驚又喜。

隨著年紀漸長，你或許會覺得沒有安全感，擔心自己沒辦法像以前一樣被伴侶的身體吸引。但是，或許他們成長為現在這個模樣的獨特方式，反而會更吸引你，因為這種美在你眼中格外寶貴；也許伴侶以前賺很多錢，而他現在決定追求一個收入減少，但是更能獲得情感滿足的夢想，如此一來，在這段關係中一定會有某些事情變得困難。注意觀察，他決定追求熱情所在的這件事，是讓你感到驕傲，還是讓你怨懟他？仔細感受心中產生的情緒，並試著想一想，你注意到的每一個變化，都是伴侶現在的模樣，不可能恢復到從前了。你能接受嗎？更理想的情況是，你能珍惜嗎？

「我們的感情，是我人生的基石。」

——班

◀ 班 vs. 希卓拉

「這段婚姻中，最艱難的時刻」
掃描以觀看完整對話（英文發音）。

在什麼時刻，
你感覺與我最親近？

When do you feel closest to me and why ?

在對話的過程中，你和伴侶會重新思考、想像和討論，這段關係中的幾個重大時刻。剛開始時，你們各自分享了三段回憶，共築的愛情就是以此為基石。之所以選擇那些回憶，是因為那些時刻在你們心中格外特別。但正因為這些回憶很特別，所以是很少見的，不是每一天或每個星期都能遇到的事。

雖然珍惜每一件大事——也就是支撐起你們愛情的柱子——很重要，但是將關係牢牢固定住，度過人生種種高低起伏的砂漿，其實是由一件件小事組成。那些反覆出現的親密時刻，是讓你們牽絆在一起的關鍵。有時候是非常小的事，小到根本沒意識到發生了。就像人生中某些簡單但甜蜜的時刻，可能會在注意到之前就與我們擦身而過。而這正是正念發揮作用的時刻。

雖然聽起來有點老調重彈，但還是試著停下來，花點時間注意陽光照在你臉上的感受、渴得受不了時啜飲的那一口水，或者營火火光舞動時那魔幻的美。這些事會決定你是深深擁抱生命的豐富，還是讓一切從你指縫間溜走，而感情關係亦是如此。

不論是每一週例行的電影之夜、漫漫長日結束後給予對方的一個親吻、一個只有你們懂且總令你們捧腹大笑的愚蠢笑話，甚至是一起下廚後的洗碗時光，這些看似簡單的時刻，都是伴侶之間最強而有力的連結點。你們共度的時光就是砂漿，為你們築起情感連接之牆。

這個問題提供機會，讓你集中精神找出那些親密的簡單時刻，將意識帶進那深深融入這段感情中的親密層次，這種親密雖然具有連結的力量，卻很容易被我們忽略。

找出容易被忽視的獨特連結

前兩個問題的作用，是慢慢的將你和伴侶帶離過往，進入這段關係的當下。現在來到共同存在的當下，這個問題會讓你們離開反思模式，展開正念觀察。

有沒有注意到，這一題問的是「你在什麼時刻感覺與我最親近？」，而不是你**哪一次**或**哪時**感覺與我最親近。重點是尋找那些反覆出現、一次次出現在日常生活中的時刻。這是一個好機會，讓你們親眼見識這段感情的運作，以及探索這些舉動如何在每一天維繫你們的感情，不論那不斷變動的海洋掀起什麼樣的浪濤。

就像每一段關係、每一個生命和每一個人都是獨一無二的，這些時刻是只屬於你們的。不論那些時刻看起來多麼重複或平凡，編織進那簡單表象之中的，是你與伴侶親密的關係中最為特別的美。即使你的答案簡單明瞭，例如「做愛的時候」，也請仔細想想為什麼選擇那個時刻，你會發現所選擇的時刻中編織了特定的細節，讓你感覺與伴侶更加親近。那些細節是專屬於這個連結的。假設那個時刻是你與其他人共享的，而不是此時與你展開對話的人，那些細節就不會存在。

回答這個問題時，讓分享的時刻牽動表達親密關係的線頭，將其從這段關係編織而成的掛毯中拉出來，放在眼前仔細檢視。如果沒有仔細看，很容易遺漏這些人與人之間連結的複雜細節，但正是這些細節賦予了連結力量與活力。一起回顧這些小時刻，會讓你和伴侶想起彼此之間最特別的事情，而且明白只要簡單的補上新的一針，就可以讓你們的羈絆更牢固。

不論你和伴侶回答第二問（你對我的第一印象是？之後又產生什麼改變？）發現彼此有了什麼改變，現在提出的這些親密時刻，都會持續在你們共築的生活中出現。因此，這個問題的作用是告訴你們，**不論各自發生什麼變化，仍然有可能持續在日常**

生活中感受到親密。不僅如此，你們的感情還會持續催生出更多親密時刻。形成你們愛情指紋的獨特線條依然存在。

將那些時刻變成兩人專屬

麥蒂和馬丁參與拍攝時，兩人已經交往一年多了。他們兩個都很年輕，有著相似的開朗、吸引人的笑容，還有色澤幾乎一樣的淺棕色頭髮，只不過他的頭髮又長又捲，而她留著一頭波浪短髮，兩人還有幾乎一樣的藍眼睛。

馬丁問麥蒂這個問題時，麥蒂長吁了一口氣。看得出來她正在翻找心中的資料庫，搜尋她與馬丁共度的時光，尋找她想分享的那一刻。她沒有花太長時間就找到了，而她找到之後，便開始咯咯笑了起來。「我想到一個有點怪的時刻，」她笑著說：「而且你那時候通常都睡得很熟。」

她告訴馬丁，他們倆吵完架或經歷特別煎熬的時刻後，就會睡在床的兩側，感覺有點疏離，在這樣的情況下，她經常會在半夜時醒來。醒來的當下，她意識到馬丁還在她身邊這回事，遠比他們起衝突的原因重要多了。那是她覺得自己最靠近他的時刻，她看著自己熟睡的伴侶，感受到私密但強而有力的和解時刻。

「我會覺得，我到底在想什麼？」麥蒂說當她意識到，那些衝突在他們的愛面前根本不值一提時，她會這樣告訴自己。馬丁專注的神情，此時轉變成一個微笑。「我們明明可以抱在一起睡覺，為什麼要浪費時間背對你呢？」麥蒂繼續說，臉上露出和伴侶一模一樣的笑容。麥蒂說，她感受到兩人牢固的連結可以超越所有裂痕之後，她就會小心翼翼的鑽進馬丁懷裡，以免吵醒他。

從馬丁的反應來看，她似乎不是總能成功，馬丁記得他好幾個晚上都因為這和解的擁抱而醒來。

他回道：「對，我喜歡妳在半夜的時候，像這樣——」他停了下來，模仿出兩人半夜抱著睡覺的樣子。從他眼中洋溢的興奮來看，我覺得他儘管在那些事情發生當下就感到開心，但是聽完麥蒂的回答後，他想必對那些時刻更加了解，也更加明白那是多麼重要了（影片請掃描第二九八頁 QR Code）。

兩個人深入探索這共享的親近時刻，鉅細靡遺的描述細節——從那張床是多麼小，因此不想抱著睡覺幾乎是不可能，到麥蒂是如何靠向馬丁，拉近他們之間的距離。把話都說清楚之後，他們就能認可和欣賞這些時刻。他們將那些時刻變成兩人專屬，一起陶醉在這段關係獨一無二的親密感之中。

仔細感受親密時刻

誠如麥蒂和馬丁的訪談，他們提到的那些時刻，其中蘊含的美是很簡單的。可能是一些非常平凡的小事，平凡到你幾乎不會注意到。不過一旦開始注意，你會發現那些片刻遍布在你與伴侶共築的生活中。

最令我喜愛的一點，就是只要問了這個問題，你就會越來越容易注意到這些簡單的親密時刻。

我敢說，進行這次對話後，你就會開始注意到更多這樣的時刻，遠比你回答問題時想到的還多。越來越常注意到在你們日常生活中已經十分活躍，而且還在不斷活躍成長的連結，還有什麼比這個更能鞏固你與伴侶之間的感情呢？

培養覺察力，注意展現連結的時刻，這個過程與正念冥想能得到的核心禮物有諸多相似之處。你或許會熟悉開始冥想後，所有思緒都停止運轉時感受到洗滌全身的平靜。你先前或許有過很多次這樣的感受，但是你從未注意過那是什麼，直到你開始冥想，有意識的將注意力集中在那簡單感受所蘊含的美感上。

我個人的經驗是，越常訓練自己在冥想時注意那種感受，越容易注意到在日常生活中偶然進入那種平靜狀態的時刻。學會注意和欣賞簡單的親密時刻，也能為我們帶來同樣的益處：更能夠注意到你與伴侶的連結，以及透過共同創造新時刻來鞏固連結的能力。

馬丁問問題時，麥蒂的反應與其他回答這個問題的參與者相似。開口之前，通常會先深深吸一口氣。大口吸氣之後，他們會有意識或無意識的陷入自己的情緒中，讓感受引領自己找到最終決定分享的時刻。這是展現脆弱的時刻，可以從回答者的臉上看出來。呼喚情緒的時候，情緒居然可以這麼快速的出現，真的很奇妙。而這個問題牽引出來的情緒是可愛又甜美的。好好享受吧！

我建議回答這個問題時，要全心全意深度傾聽，讓頭腦保持安靜，將注意力放在從心中升起的情緒上。正如同麥蒂的經驗，你覺得與伴侶最親近的時刻，乍看之下可能只是一件小事、蠢事，或是你意料之外的事情。**如果你花太多時間思考要選擇哪一個時刻，你最後可能會選擇符合我們社會期待，公認會展現出親密感的行為，而非你個人感受到與伴侶特別親近的時刻**。

別忘了，有很多種方式都會讓人感到親近。幸運的是，這並沒有正確答案。可以是重大或平凡的時刻，可以是行動或話語，但不論是什麼，都不會改變你感受到的親近。所以，讓情緒幫助你選擇最適合當下分享的時刻，你會在這次對話中看見你們之間微妙的特殊連結。

我見過回答不出這個問題的參與者，要不是太努力想從眾多回憶中尋找正確的時刻（這表示他們聆聽自己的心聲，找到了可以分享的時刻，但是頭腦卻不斷插嘴，所以開始過度思考自己的選擇），就是突然意識到自己沒有太多回憶可以選擇，也許他們意識到自己什麼都想不到。

將目光放在小事上，並感激一切

假如發生這種情況，請先放輕鬆，我們可以從兩個樂觀的觀點看待這件事：首先，假如你沒有在這段關係中時常感受到親近，那顯然表示出現了需要解決的問題，而且越早解決越好。感情關係中缺乏親密的小時刻是一種症狀，表示你們之間存在更大的問題，只是一直到現在才清楚看見。意識到這件事，不是比繼續無視來得好嗎？而這會不會是讓這段關係更符合你們所需而踏出的第一步呢？注意到自己缺乏什麼，是填補空洞的第一步。

而這裡隱含著第二個樂觀的看法：如果你注意到，你們的關係缺乏頻繁出現的簡單親密時刻，那麼你就可以開始主動創造那些時刻。有沒有辦法將共同興趣變成每一週或每一天的例行公事？能不能在哪些時刻，送給伴侶一次意料之外的碰觸或微笑？別忘了，這些都是回答這個問題時可以提出的時刻：簡單的小事情。

不需要逼迫自己尋找充滿野心和張力的時刻，發現找不到符合那種標準的回憶時，也不必感到挫敗。**練習將目光放到小事上，然後感激自己擁有的一切**。

如果你睜大眼睛，把握將簡單親密時刻帶進生活中的機會，那麼你一定會找到。不論你是找不到可以分享的時刻，或發現有太多回憶可以選擇而慌了手腳，又或是馬上本能的知道自己與伴侶最親近的時刻，我都鼓勵你睜大眼睛、敞開心房，盡可能在日常生活中尋找這些親近的小小時刻。找到越多容易被忽視的親密時刻，你與伴侶的連結就會越深刻，就越能夠發現這些時刻獨一無二的光彩。

「你就是我的家。」

——拉法

◀ 拉法 vs. 道格拉斯

「多邊戀與一對一關係的愛」
掃描以觀看完整對話（英文發音）。

你想問我什麼卻問不出口？

What are you hesitant to ask me and why ?

面對現實吧！總有些事讓你無法開口詢問伴侶，而那正是你們該聊聊的事情。

還記得班和希卓拉，那一對示範情緒表達的愛侶嗎？如果你看了他們的影片，應該就能清楚看到他們很擅長親密對話，以及進行誠實、完整和有效的溝通。我大膽推測，他們之所以能達成，很大的原因是他們願意直接面對兩人之間的猶疑或恐懼。在其中一段對話中，希卓拉以最直接和簡潔的方式告訴班：「如果我害怕告訴你什麼，這就表示我必須告訴你那件事。」

前三個問題是為你們的感情關係建立基礎，而接下來的三個問題則是深入探討你們兩人如何應對衝突。

如果想建立長久、牢固、深刻的愛情，就得學會接受衝突。探索緊繃和猶疑的原因，會讓你們發現這段關係中產生分歧的領域。逃避問題並不會讓問題消失，反而會讓問題出現。不論這些衝突的種子看起來有多小，一旦置之不理，就可能會發展成更龐大、更有害的問題，最終讓人無法忽視。如果現在不解決，遲早會發生某些事情逼迫你們面對，到時候要解決就困難多了。越是不敢面對這些令你不自在的時刻，問題就會惡化得越嚴重，占據更多空間，更難在沒有痛苦介入的情況下解決和釐清。

警語

先說清楚，害怕彆扭對話導致的不自在，跟恐懼有虐待傾向的伴侶施加的肢體或情感暴力，這兩者截然不同。假如你面對衝突時感到恐懼，一定要釐清狀況，問問自己，你的恐懼是出於探索一個不好開口的話題，還是源自於擔憂自己身心上的安危。

在這本書中，我探討的是前一種恐懼，亦即害怕的是為了讓這段關係成長，而必須與伴侶針對難以開口的話題展開對談。學習與伴侶一起面對這種令人不自在的討論，就像伸展筋骨一樣。越常做，就會變得越簡單。如果每天都伸展一下，每天都離痛苦更靠近一點，當你們的感情關係面對壓力時，就會變得更有彈性、更有韌性。

那些難以開口的話題

試著讓自己感到稍微不自在，並開始好好鍛鍊你的溝通肌肉吧！我說的稍微不自在，真的就只是一點點。這個問題不一定要探討你們感情中的重大衝突，不一定要回答讓你痛苦，或讓你夜裡輾轉難眠的事情。

注意，這一題問的是讓你很猶豫，不知道該不該問的問題，而不是令你害怕問出口的問題。「猶豫」一詞不但比「害怕」溫和，也可以減少回應者用「我沒有害怕問你什麼問題」來跳過這一題的機會。即使是最牢固、最健康的感情關係，也總會有一個讓人**感到遲疑**、**難以開口**的話題。對話進行到這個階段時，你和伴侶務必先說一些壓力沒那麼大的問題暖暖身，藉此避免你們選擇分享的話題變得有壓迫感。

這個問題還有一個很有意思的地方，就是當另一個人思考自己的回答時，你也會不可避免的猜測答案可能為何。你可能會好奇：「他會對告訴我什麼事感到猶豫呢？可能是……。」接下來會聽見對方說出令他感到猶豫，不知道該不該開口的事情，萬一跟你想的不一樣呢？在對方回答之前的沉默時刻，整個空間會充滿各種可能出現的論點——對方思考的事情，以及你認為對方在思考的事情。

你可以在某個時間點與對方分享「你這麼說真是太有趣了，因為我以為你會說另一件事」，這也是很有意思的討論。如此一來，就有更多話題可以分析和討論。不是每一件事都需要，甚至應該一次討論完。我只是想告訴你，因為伴侶雙方都在思考對方難以開口的事是什麼，所以可能會由此衍生出好幾個話題。

在一段關係中，很多事情都在黑暗中發展。而你們的連結，是在開放且明亮的地方一起積極建立的。但是在光線無法觸及之處，問題、挫敗和失調可能會自己萌芽、擴散。越是不去看、不討論，這些問題就會變得越來越龐大。

希望前三個問題能夠提醒你們，彼此之間擁有的愛和獨一無二的連結，那些問題能讓你們看見兩人築起的親密和信任。接下來的討論是關於你們十分猶豫，難以開口詢問對方的問題，因此可以視之為邀請，將那道光帶進生活中從未檢視過的黑暗地帶，看看在你們未曾注意的時候，那片黑暗裡長出了什麼東西。

我看過許多對愛侶都寧可不將事情說破，以保持現狀。雖然這在一段時間內確實是可行的，且在很多情況下都不會造成太大的危害，但是這個做法卻會讓伴侶雙方都無法完整表達自己。

可以理解只想向伴侶展現自己最令人接受的面向，但是像這樣給自己套上一層濾鏡是要付出代價的。隱藏自己的一部分，並不會讓那一部分從你身上消失。不告訴你的伴侶、不和對方一起探索，就是限制了伴侶對你這個人的認識。從另一方面來說，將那些部分攤在陽光下，與伴侶一一檢視、談論和分享，才能將完整的你帶進這段關係中，你也才能更完整的活著，成為情感更豐沛的存在。這就像是同一部電影以黑白片，或是以4K高畫質彩色電影的方式播映的差別。

所以，這又得出幾個問題：為什麼與另一伴分享完整的自己會如此令人恐懼？為什麼會寧可不動搖情感上的現狀？我們為什麼會傾向於保護自己，不讓自己得到完整的感受？是因為我們害怕自己招架不住那些感受嗎？是因為可能會太痛苦嗎？若是如此，那麼你所能承受的不自在，是否相當於你為人生帶來的豐富多彩呢？

我自己的經驗是，**我們害怕的不自在和痛苦其實只是表象**。不是說那些東西並不存在，**只是那遠沒有你想像得那麼糟**。每當我被壓得喘不過氣，夜裡焦慮的醒過來，想著得完成的事，以及需要去關注的責任時，只要著手去做，所有焦慮都會煙消雲散。在展開行動之前，焦慮之情往往會衝上最高點。但一旦開始面對、處理和解決那些事情，焦慮感就變得不那麼棘手，也不再像一開始以為的那樣壓得我喘不過氣。

在這個階段，會先開始討論讓你們遲遲無法開口的事情，之後再讓接下來的問題，引領你們進入關係中更迫切的衝突。我希望你們記得，即使只是朝面對不自在的根源邁進小小一步，也能夠緩解我們感受到的折磨。溫柔而專注的面對這些話題，可以一點一點緩解那些問題帶來的痛楚，同時建立你和伴侶之間的信任。

壓力釋放閥和令人安心的保證

結婚二十二年的艾佛和凱文，有非常多的機會培養和建立兩人的關係，這些年來兩人也變得越來越有默契。參與拍攝時，他們都穿著淺藍色的襯衫和藍色牛仔褲，留著精心打理過的大鬍子，艾佛的鬍子又黑又尖，凱文則是一臉大紅鬍子。即使已經在一起二十年，艾佛問起丈夫這個問題時，凱文馬上就感受到那個讓他猶豫不決、問不出口的問題是什麼。

「所有會讓你感到焦慮和強迫症發作的事，」他直直盯著艾佛的雙眼說道：「像是任何與房子有關的問題。」凱文接著深入自己如何獨自面對這個複雜的問題，他如何將這一切藏在黑暗中不讓艾佛察覺時，他避開了艾佛的眼神。「我會完全不讓你知道，除非你先發現，那就不是我能掌控的了。但是如果可以，在我先面對、理解，或想到解決方式以前，我是不會讓你知道那個問題的。」

凱文分享時，艾佛似乎感受到衝突的情緒。一方面看見自己的丈夫奮不顧身的保護自己，另一方面又感受到這件事讓凱文感到不自在，因為這等於是公開承認兩人的權力差異。很快的，艾佛做了一件勇敢的事。他更深入這個令人不自在的時刻，詢問對方：「這會讓你怨恨我嗎？這是我們這段關係中承擔的另一個重擔嗎？」

「我曾經感到怨恨，曾經有過，」凱文幾乎馬上回答，他啞著嗓子說：「噢，我的情緒上來了。」他眼裡噙滿淚水，露出有點靦腆的樣子。艾佛露出微笑，點點頭，眼神中閃耀著支持與鼓勵。凱文繼續說：「但是因為你在努力克服，我知道——我希望事情不會總是那樣。」

看見凱文認可自己的努力，艾佛繼續微笑著點點頭。接著，凱文又啞著嗓子補上一句話：「但是這……這讓我承受了很多。」

艾佛的眉毛倏地抬了起來。「讓你想離開我嗎？」他問道。

「不會。」凱文說，他低沉的嗓音透露著令人信服的力量與肯定。他看著艾佛，臉上嚴肅的神情瞬間化為一抹微笑。「當然不會。」

這一問，把令人不自在的事實——也就是艾佛有時會成為凱文的負擔——攤在陽光下，避免這件事在黑暗中逐漸潰爛、轉為怨懟。同時也讓艾佛真正理解自己的伴侶，不只是看見凱文如何盡己所能接納他，更重要的是，凱文有注意到他對成長所主動付出的努力，因此那令人不自在的權力架構，只是這段關係中很小的面向。

而當艾佛看見丈夫的淚水時，他也得到了口頭上的明確保證，那就是凱文對他的愛遠比問題本身還要強烈。從他們美麗而勇敢的互動中，可以看出這一問既能打開壓力釋放閥，也能加深伴侶對彼此的了解（影片請掃描第二九九頁 QR Code）。

此時此刻就是最好的時機

當意識到自己對於和伴侶討論某件事感到猶豫時，自然而然會產生這個反應：繼續猶豫。這種猶豫通常是出於恐懼——害怕破壞這段關係、害怕傷害對方，或是害怕自己看起來太脆弱、太黏人或太強勢。那接下來會發生什麼事？頭腦經常會欺騙我們，讓我們以為這種猶豫是出於好意。你或許會這麼想：「我要花點時間想一想這件事，再跟我的伴侶提起。」

不論是真的在試著為一場艱困的對話多做準備，或者是在頭腦欺騙下逃避恐懼，都要小心那股衝動。將重要的對話一直延遲至「正確的時機」，會讓問題有更多時間潰爛、讓壓力有更多時間堆積，恐怕會讓對話到頭來變得比當初直接提起更痛苦。面對感情問題時，總有個衝動想先自己思考一遍，這個做法雖然感覺上很合理，但其實最好的方法一向是把話說出來，以一對伴侶、一個團隊的身分討論問題。

我的意思並不是說不應該在衝突最激烈的時候抽身讓自己冷靜下來，以便將來展開更得體、平靜、有遠見的對話。讓面對緊張情勢時產生的「戰鬥或逃跑」反應消退，的確是有成效又成熟的做法。不過，如果你誠實的看看自己的處境，發現你抽身是因為害怕衝突或展開對話，那麼，沒錯，**當下永遠是最好的時機**。

如果你花很長時間自己思考，然後才向伴侶提起，那麼對話打從一開始就是資訊不平等的。也許你已經想過自己想說的話，你的伴侶卻從來沒有機會發現這會是個衝突點。如果你開始滔滔不絕的發表自己經過深思熟慮，又沒什麼彈性空間的看法，對方可能會感到措手不及，也許會覺得，你沒有考量到他們需要消化資訊。

將深度傾聽帶進談話中，讓討論從信任和相互了解的基礎上自然展開。當然，我們必須取得一個平衡。不論你們打算如何處理，給你自己一點時間思考問題都是個好主意。雖然安靜的獨自思考有助於釐清思緒，但是真正清晰的思考，是從你和伴侶自然的互動中產生的。

所以不要一味的等待時機，因為那可能永遠不會出現。若是實踐深度傾聽，並且願意展現彼此脆弱的一面，那麼你會明白，最好的時機就是當下。

安德魯（Andrew）和傑洛德（Jerrold）是一對結婚七年的同志伴侶，傑洛德留著俐落有型的黑色平頭與短短的黑色鬍鬚。面對這個問題時，傑洛德分享，他以前會猶豫該不該說出可能會讓丈夫失望的事情。他承認這是來自對於失去安德魯的恐懼，說到這裡時，安德魯那雙光彩奪目的藍眼睛流露出柔情。傑洛德繼續解釋，他的遲疑是來自一股欲望，想要保護這段他非常重視的感情。不過，遲疑最終得到了反效果。

「這確實導致幾次特別煎熬的經驗。你變得不信任我，因為我也沒有完全坦誠。」他回憶。但是檢視兩人的感情，以及自己的行為如何影響這段關係後，傑洛德明白猶豫在他的感情關係中並不健康。「我看見這件事對你造成的傷害，這一點也不好。我沒有對你付出百分之百的自己。我得給你全部，你才能給我全部。而且我不想傷害你，所以我改變了，現在沒事了，我想說什麼都會直接說。」（影片請掃描第二九九頁QR Code）

在我的人生中，我發現接受諸如擔憂、焦慮和緊張之類的情緒時，可以讓人直接拓展技能和理解。在我推出體驗設計工作室「The Skin Deep」的幾天前，我接到主要投資人打來的電話。他告訴我，他要撤回自己全部的投資。在這通令人消沉無比的通話中，我看見總資金的一半直接蒸發。發生這件在當時看來是災難的大事後，我拚命的繼續追逐我的夢想，但是又接二連三的碰到讓我發自內心感到恐懼的狀況。我永遠忘不了那個感覺。

在我們上工的第一天，我記得自己和最初的兩名團隊成員赫蘭（Heran）和佩吉（Paige）拍了一張自拍，準備展開我們的冒險。雖然我在照片中面帶微笑，但我的內心其實已經四分五裂。不過，在拍照的當下，我就知道自己一定會珍惜那張照片，日後回首時會知道自己當時儘管很害怕，還是決定帶著微笑義無反顧的向前。而那就是我做的事：持續勇往直前，只要恐懼浮現就勇敢面對。我很快意識到自己學到很多，看起來令人難以招架的事或完全未知的領域，反而讓我更有收穫。

每當要做從沒做過的事，因而感覺到恐懼蠢蠢欲動時，我就會振奮精神、接受挑戰，將其視為成長的機會。如果你回頭看看自己最大的成就和成功之前的時光，會發現那段時光充滿強烈的恐懼和擔憂。堅持和勇氣，是將恐懼轉變為成就的關鍵。

有時候，問出這個問題會跟回答問題一樣嚇人。但不論你是提問者或回答者，我都希望你好好感受提問後必定出現的短暫沉默。當下你會覺得什麼事都可能發生，你和伴侶可能都會很緊張。不過，你還記得凱文和艾佛從這個問題展開的對話嗎？儘管他們討論的問題讓凱文感到很不自在，儘管他在情緒上和口頭上將自己的不自在傳給了艾佛，他們還是一起更深入、更完整的了解了他們的愛情產生的力量，以及他們各自擁有和共同擁有的堅強。所以，記得在那短暫的沉默中深呼吸，需要暫停多久就暫停多久，再一起走在成長的道路上——別忘了，這條路是由你們的恐懼照亮的。

「想愛就愛吧！不要畏首畏尾。」

——強恩

◀ 強恩 vs. 凱蒂

「人們為何尋求感情關係？」
{THE AND} 之初次約會系列，掃描以觀看完整對話（英文發音）。

這段關係目前最大的挑戰是？你覺得能教導我們什麼？

What is the biggest challenge in our relationship right now and what do you think it is teaching us ?

每一段關係都會面臨挑戰，這是無庸置疑的。那些挑戰不可避免、令人不適，不過那些挑戰也是無價之寶。人們在舒適中無法成長；在不適中才能成長。

如果你覺得你和伴侶沒有面臨任何挑戰，那麼要不是因為問題小到還沒成長為「挑戰」的規模，就是因為你拒絕面對潛藏在表層之下的衝突，你為了躲藏在舒適圈裡而掩蓋了那些問題，以為眼不見為淨。

有時候，花在逃避衝突上的精力，會遠比直接面對衝突所需還多。進行這次對話所需的安全空間已經打造好了，讓你得以探索這舒適的現狀之外存在的事物，以此拓展你的見解、各項技能，以及表達最完整和真實的自己。

面對舒適圈以外的各種挑戰所需的勇氣，還有採用有助益的方式應對這些挑戰，是營造健康感情關係的關鍵。除此之外，還能夠鞏固感情關係的根基，創造持久、不斷成長又豐厚的連結。

逃避衝突不會教導我們成為更好的人，也不會讓我們更有韌性；採取有助益的方式應對挑戰的能力，才能展現一段關係的彈性和能量。因此，目標並非不要遭遇任何挑戰，而是以開放的心胸面對挑戰，珍惜挑戰，從挑戰中獲得最多收穫，解決之後再歡迎下一個挑戰，以及隨之而來的所有收穫。

這個問題的作用是**讓你們了解，雙方各自認為現在面臨最大的挑戰是什麼**。更重要的是注意到並接納你從這個挑戰、你的伴侶、以及這段在壓力下展現韌性的感情中，所得到的收穫。若是你什麼都沒有學到，你就錯失了與他人共築人生時能得到的最棒的禮物。讓隱含在你們目前遭遇的困境中的道理，成為你意識關注的焦點，就會明白這次挑戰會帶給你什麼智慧道理。

在困境中尋找力量

先前的問題引領你們面對遲疑所帶來的不自在，藉此發覺潛藏在你們這段關係中的挑戰種子。此刻，你們都已經為探索這段關係而伸展筋骨、熱完身了，那麼就可以準備舉起更沉重的東西了。

為什麼這個問題的用詞，是詢問你們最大的挑戰為何，而不是最大的麻煩為何？

麻煩本質上是負面的，是你想要解決，且越快揮別越好的事情。但每一次挑戰，不管有多艱難，都是一個機會。你會面對挑戰、克服挑戰，會因為在人生中挺過了而變得更強大。

像是健身，是為了變得更強壯而給自己的挑戰。這件事並不簡單，而且目的就是讓身體承受壓力。但是當鍛鍊越困難，越常做好萬全準備來面對身體上的壓力，你就會變得越有韌性。將這個不自在視為挑戰，會讓人更覺得那是做得到的事，也更像一個鞏固羈絆的機會。

問題的力量此時就能發揮作用，藉由各自說出能從挑戰中得到的收穫，將這段關係中面臨的困境重新包裝成禮物。這一問的第二句將你們變成學生，承認自己可以從中學習。別忘了，這個問題是問你們覺得學到的道理是什麼，因此排除了有正確答案的可能性，認可兩名參與者的回答都是主觀的想法，而不是說明客觀的事實；是請你們說出，你們認為存在於挑戰中的道理是什麼，這便減少了你怨恨伴侶或挑戰本身的可能性，創造出一個有彈性又友善的空間，可以在這個空間中探索困境、找出能得到的收穫。

踏出舒適圈後最有收穫的探尋

第一次坐下來進行對話時，我猜測這兩個才二十多歲的年輕人，蓋碧瑞兒和露娜，其實還沒正式開始交往。她們是高中時代的親密好友，兩人各自告訴我的團隊，其實對彼此都有尚未說出口的好感。

十個月後回來拍攝第二次對談，那時她們終於向對方敞開心房，正式成為戀人。在第二次對談中流暢的溝通方式，以及兩人散發的幸福光彩都深具感染力，看著她們探索兩人連結的新層次，詢問對方問題和一起大笑時，我內心充滿喜悅。但第一次對談時，因為兩人都沒有說出自己的情愫，避而不談的曖昧便像陰影般籠罩著兩人。

有鑑於這層關係，當蓋碧瑞兒在第一次對談中詢問，這段關係目前面臨最大的挑戰是什麼時，露娜的答案一點都不讓我意外。

「溝通。」露娜幾乎不假思索的回答。露娜有著一頭短鬈髮、綠褐色的眼睛，鼻柱上穿了銀色的鼻環。嘴唇上抹了鮮豔紅色唇膏，化了精緻妝容襯托一雙綠眼的蓋碧瑞兒，聽完朋友的話後以微笑回應。她是不是在想著所有她迫切想與露娜溝通，卻從未說出口的事情呢？順帶一提，這是我們問這一題時最常聽到的回答。對大多數參與者而言，這似乎是最常見的挑戰。

「我希望妳不高興時可以告訴我，即使只是一件蠢事。」露娜繼續說。突然之間，蓋碧瑞兒的表情變嚴肅了。「任何一件小事，像是『妳剛剛對我說了什麼，讓我很不爽』。告訴我，我們就可以談談，然後繼續下去。妳不必把所有話都藏在心裡，直到最後為了另一件小事爆發出來。」

蓋碧瑞兒點點頭，然後又露出微笑。「很合理，」她不得不承認。接著，她說出自己的答案：「我覺得對我而言，最大的挑戰不在我們之間，而是在我自己。那就是我覺得自己能真正碰觸到妳。」現在輪到露娜給自己的朋友一個心照不宣的點頭。「大多數時候我都有這種感覺，好像妳只是一陣煙；我可以看見妳，妳就在那裡，但是我抓不住妳，無法用我的手感受到妳。」露娜再次點頭。她也有同樣的感覺嗎？渴望用自己的手感受到蓋碧瑞兒？

「很難說，」蓋碧瑞兒繼續說：「我有時候很難承認這些事，所以我無法向妳解釋連我自己都說不清楚的事情。」

「妳覺得自在就好……」露娜開始說，但是蓋碧瑞兒此時勇敢的嚥了一口口水，打斷對方。

「妳有沒有過因為害怕一切分崩離析，所以不敢提起某件事的經驗？」

「有過。」露娜回答，一邊笑，一邊微微抬起眉毛。我覺得她似乎知道蓋碧瑞兒在指什麼，因此以親密的方式表示她知道蓋碧瑞兒面臨的挑戰為何。

蓋碧瑞兒微笑著點點頭。「對，那算是最近讓我很掙扎的事情。」

露娜開口時眼神飄向別的地方，或許是擔心先透露了自己的感受。「不論那是什麼，妳都不必自己面對。不論妳遇到什麼麻煩，我都會把那個變成自己的麻煩，我們就可以一起解決。」

兩個人都咯咯笑了起來，四目相對，共享著這連結在一起的溫柔時刻。

這是她們在第一次對話中最接近互相傾訴愛意的時刻，而我很高興的認為這是她們種下的種子，最終成長為完全坦誠的愛情。由此可看出，談論挑戰和衝突，能讓我們成為自己希望的樣子，擁有我們想要的人生（影片請掃描第二九九頁 QR Code）。

在這場以缺乏溝通為主題的對話中，兩個多年好友開始一點一點瓦解她們之間的那堵牆。從肢體語言、閃躲對方的眼神，以及時不時吃螺絲的樣子可以清楚看出，這對露娜和蓋碧瑞兒而言，都不是令人自在的話題。但是看看她們最終的收穫：一段緊密連結且兩人都渴望已久的愛情。如果她們因畏懼尷尬與彆扭，而未能鼓起勇氣，挺過那段難熬的時光，還能夠得到這份禮物嗎？你想要哪一種故事：短暫跳出舒適圈，還是花一輩子的時間好奇著？假如你開口說出心裡話會發生什麼事？

真正學會個中道理

我們總會很輕易的告訴自己，如果你現在面對的巨大挑戰不存在，一切就沒問題了。如果你有更多的X、如果你的人生中沒有Y、如果你可以告訴最好的朋友自己對他的感覺，就能夠成為最好的樣子。但事實是，如果現在面對的種種挑戰都在一夕之間消失，那麼你很快就會面臨一個新挑戰，讓你要不是拚命對抗就是從中學習。這就是為什麼問題問的是你們「目前」最大的挑戰，因為明天、下週或下個月，都會出現新挑戰。

在一段關係中，一開始可能是因為強烈的性吸引力而產生連結，挑戰則是入不敷出的生活。十年後，你們終於克服了財務上的挑戰。錢對你們而言不再是問題了，但那曾經如此強烈的性吸引力，卻已日漸淡薄。

面臨的挑戰變了，讓你們有新的目標一起努力。現實生活中並不存在著一條終點線，跨過之後便會一帆風順。克服挑戰後，遲早會出現新挑戰。信不信由你，這其實是個好消息。因為你面對的每一個挑戰，都是學習和成長的機會。但是務必小心，唯有你主動在挑戰中尋找可學習的道理，才能真正產生讓人更有力量的轉變。

或許你不僅接受了人生就是充滿挑戰的事實，還成為克服挑戰的專家，那就太完美了。不過最重要的下一步，是注意你有沒有真正消化每一次從挑戰中得到的收穫。變得更擅長從挑戰中學習，並不會讓你不再遇到挑戰，但能避免陷入重蹈覆轍的循環，確保每一次面對和克服挑戰所付出的努力，都會直接成為成長的養分。假如你得一遍又一遍的反覆面對同一個挑戰，那可能表示你還沒學會人生想教導你的道理。

面對恐懼，才得以真正改變

我二、三十多歲的時候，不斷碰到相同的感情挑戰。當時我並沒有意識到這一點，因此經常在追求內心封閉，並且會逃避真正親密關係的伴侶。我發現自己困在一個極度不快樂的模式中，總是在追逐自己的伴侶，為了真正靠近他們而拚命向對方伸出手。除此之外，低落的自尊心，讓我將自我價值建立在伴侶的回應上。如果對方給出正面回應，我就會興高采烈，覺得自己充滿價值；反之，我就會感到鬱鬱寡歡。我的幸福感完全仰賴伴侶，這不只令我灰心喪志，也讓我筋疲力盡。

但是一旦對方不再逃避我並給我機會，讓我與他們建立我一直想要的深刻情感連結，我反而會轉身逃走，逃離對方的邀請。一模一樣的戲碼重複發生太多次，讓我開始覺得自己像一隻跑滾輪的倉鼠，思考著為什麼自己身邊的景象總是一成不變。

既然你們已經知道我的家庭背景，或許就能猜出，年輕時的我在感情生活中為何總是不斷走向自我挫敗。自尊心低落，再加上潛意識中恐懼的，滿心渴望卻不知該如何擁有的親密關係，讓我持續在痛苦又沮喪的循環中不斷奔跑。

唯一能讓我在感情關係中感到自在的情況，就是不平衡的關係（就像是我父母之間欠缺的親密感），這種不平衡會讓我覺得，自己一直在追求伴侶無法給予我的深刻連結。對方在情感上的無能為力讓我得以待在舒適圈中，儘管我體驗到的「舒適」圈其實異常痛苦。

假如我找到一個專注於當下又充滿愛的伴侶，信不信由你，我一定會煩惱得肚子痛。小時候每一次往返父母家時，他們就會告訴我，我以後也會像這樣肚子痛。因此，我將那種肚子痛視為感情關係錯誤的徵兆，但事實上那只是我沒有處理和面對痛苦而產生的反應。

身體會記得並記錄一切。這就是為什麼傾聽身體，讓身體說出感受的深度傾聽，是如此強大的工具。我以前認為傾聽身體，代表這些生理上的疼痛是我應該逃跑的徵兆，因此我與充滿關愛、專注當下的伴侶最終都會分開。時至今日，我終於明白了，那只是住在我肚子裡的恐懼反覆出現，而我的身體是想保護我遠離對於親密關係的恐懼——雖然那明明是我殷切渴望的親密關係。很諷刺對吧？

從這不健康的模式中產生的挑戰，不斷在不平衡的關係中重蹈覆轍。漸漸的，我開始善於與其中一名伴侶克服個別的挑戰，從表面上來看，這段關係可以順利進行一陣子。但是沒過多久，同樣的核心問題就會產生出新的挑戰，又重新開始惡性循環。那些挑戰都在試著告訴我一個道理——別再追逐、別再奔跑了，面對你對親密關係的恐懼吧！——但是因為我太專注於解決個別問題，而且急著繼續走下去，所以我從來沒有注意到那個更重要的道理。

我花了很長一段時間，好幾次令人不自在的自我反思，還有與一位信任的好友展開深刻又展現脆弱一面的對話，才終於看清楚這些挑戰形成的惡性循環，拚了命想教導我的道理。而我看清之後，便投入所有精力真正的學會、吸收，然後正面迎戰我對親密關係的恐懼。誠如你們所想，在那個過程中必然包含不少手足無措的掙扎時刻，還要遠離舒適圈裡那些柔軟又充滿安全感的家具。但是我接受那條道路，接受我的不自在，面對恐懼後，我才得以真正改變。我終於打破循環，擁有了比以往更令我滿足的感情關係。

討論可能從這個問題衍生出來的困難話題時，最好懷抱著適度的感激。試著將其視為寶貴的學習機會，讓你和伴侶學會所需的工具，幫助你們克服下一個不可避免的挑戰，並且完整學會所有道理，而不是責怪彼此。別忘了，挑戰本身反映出來的不是你們兩個人，而是你們之間的互動。

誠如你珍惜的回憶可以增強你們之間的連結，那些挑戰和你們的解決方式，也可以成為你們獨一無二的連結。發現、表達、感激。不需要武裝自己、不需要覺得被攻擊，也不用發動攻擊。你們都沒有缺陷，也沒有「做錯事」，只是你們之間的連結可能遇到了一點功能失調的問題。

理解之後懷著耐心和感恩的心情，一起解決問題或許會比你想像中簡單；但也可能不會，也許你們對彼此的感受和互動已經無法回到從前，所以決定分道揚鑣，尋找更健康、更令人滿意，更能夠產生共鳴的連結。

但這是兩人一起面對挑戰時可能產生的極端結果。挑戰是健康且自然的機會。面對這個問題時，別忘了，沒有遭遇任何挑戰的感情關係是死的，缺乏成長、學習或加深親密感的空間。停滯是活著的反義詞。重點不是想辦法在感情關係中避免挑戰，而是詢問自己：「這是我能接受的嗎？」這句話是什麼意思？且聽我娓娓道來。

剛開始環遊世界拍攝影片時，擁有足夠的金錢投入計畫和餬口是我一直在面對的挑戰。面對和想辦法克服挑戰並不容易。但那是我可以接受，而且能從中學習的課題，我覺得遠比「我的人生好無聊，一點熱忱都沒有」好多了。每個人都會面臨挑戰。以我而言，我過著充滿熱情、刺激和冒險的生活，卻面臨財務上的挑戰。另一方面，我可以白天去上班，有穩定的收入就能夠解決財務挑戰，但是我得面臨的挑戰就是，試著對我每天做的事情充滿熱忱。

每一件事都是有得有失。所以問題不是完全避開挑戰，而是明白選擇了就無法選擇另一個，並且以感恩的心迎接挑戰。

如果你對這個問題衍生出來的挑戰進行相同的分析，並且誠實的看待你和伴侶之間的互動，你會看見什麼？你們面對的挑戰都是彼此能接受的嗎？有沒有仔細留意挑戰想告訴你們的道理，以打破對彼此沒有助益的互動模式，並一起成長？有沒有找到「不自在」這個最厲害的老師想教導的人生道理？找到之後，有沒有讓那個道理在你的意識、行為和存在中扎根？

「一旦接受愛，就表示也接受痛苦。」

——艾芙莉

◀ 艾芙莉 vs. 肯尼迪

「那時，我能當個更好的朋友嗎？」
掃描以觀看完整對話（英文發音）。

你覺得自己做了什麼我並不知道的犧牲，為什麼你這麼想？

What is a sacrifice you feel you've made that I haven't acknowledged and why do you think that is ?

「犧牲」可能令人覺得是個很龐大、沉重的詞，但這是一段平衡又健康的關係不可或缺的一部分。擁有一段感情關係的美妙之處，就是讓你得以成長，超越單身時的狀態。為了超越原本的狀態，成為你與另一個人產生連結後的模樣，你或許得改變行為、個性或事情的優先順序。你會從這個轉變的過程中得到和學到許多收穫，這是非常美好的成長方式。但是在妥協和適應的過程中，必定也伴隨著損失，可能會因此感到無比痛苦，有時候還會心生怨懟。

我們常在伴侶面前隱藏痛苦，尤其當痛苦本身就來自這段關係時。但隱藏傷口，只會妨礙傷口得到妥善處理。這個問題的作用是為伴侶雙方打造一個空間，讓兩人承認為了讓這段關係繼續下去而各自承擔，但是從來沒有與對方討論過的影響。結果通常是發現並承認那個犧牲後，傷口就會癒合，還可以及早解決你或伴侶一直埋藏心中的怨懟。

我們為感情關係做出的犧牲，不論多麼艱困或痛苦，到頭來都是贈予這段關係的禮物。但是如果不一起正視那些犧牲，怎麼有辦法將其視為贈禮呢？回答這個問題就能做到這一點。

縱身躍進不自在的處境——別忘了繫好安全繩

對方問你這個問題時，你可能會覺得自己想到的事情沒有大到能稱為「犧牲」。或許是不想給自己那麼多功勞，或者不想太強調讓你痛苦的事物，但是這個問題的措詞是有目的的。

即使不會將自己做的事情稱為「犧牲」，因為那樣似乎顯得太極端，但還是必須感受到這些讓步、妥協和無私的舉動蘊含的分量、力量和美。不論你是否稱之為犧牲，為伴侶放棄一些事還是會令人痛苦，至少會讓你開始覺得這段關係中的某些面向並不平等。不論有多合理，或是你有多願意放棄，都感覺像是犧牲。只要分享和提出這些不平衡的事情，就能讓你們更完整的看見彼此如何互相影響。

問題中提到的我並不知道的犧牲，是為了讓這段關係中一直存在於陰影裡的事情浮出水面。這很有可能會是你做過更龐大、更令你感到不適的犧牲。也許你的伴侶知道你做出的其他犧牲，但是最痛苦的，通常是我們最少提起的。你們利用前兩個問題練習正面應對衝突，現在已經準備好迎接挑戰。同理，只要你越有意願迎接這個問題帶來的挑戰，就能從對話中得到越多收穫，這個問題尤其如此。

沒有得到認可，通常會比犧牲本身更傷人。犧牲和贈禮之間的界線，可能非常非常細微。將一件事從犧牲轉變為贈禮的關鍵，就是欣賞和感激。接收到來自對方的認可看似是簡單的一小步，其實就足以解除因為未得到感激而埋下的怨恨定時炸彈。

但在得到那樣的認可之前，向伴侶提起對方並未察覺的犧牲時，自然會感受到自己對伴侶產生許多怒氣。我發現處在安全的空間中釋放那些情緒，遠比一語不發、任由那些情緒潰堤來得健康許多。

過程可能很嚇人，你不只不確定伴侶會有什麼反應，也不想傷害對方，但你們應該挺身面對那個恐懼，並且明白這個問題的措辭不會讓你們受傷。一開始或許會很不自在，但這並不會讓你和伴侶困在無法和解的空間中。

這個問題真正的美麗之處在於最後一句：為什麼你這麼想？

如果要完整回答問題中的三句話，就得在回答中試著更了解自己的伴侶，以及對方為何沒有發覺自己的犧牲。這個過程能讓帶著痛苦和怨懟源頭的那一方抒發出來，然後站在伴侶的角度思考。在分享為什麼覺得自己的犧牲沒有被看見的當下，會創造出一個建立同理心和理解的空間——或許是在這一刻之前從來沒有達成的理解。

也許當討論伴侶為什麼沒有看見你的犧牲時，你會發現這個情況讓對方想起童年時的創傷，抑或是認可你的犧牲，會使對方必須面對某種他不願意獨自承受的痛苦和脆弱。深入探究這個不自在的源頭，可以幫助你發覺伴侶那層次豐富，你在此之前從來沒有看清楚過的複雜內在。這個空間不是為了治癒創傷，而是探索雙方的觀點，讓伴侶雙方都能被看見，將曾經的怨懟轉變成更深入的理解。

不論答案是多麼痛苦，視角的轉變都能夠變成一條安全索——不論這未被看見的犧牲造成你多少痛苦，不論你們多深入這痛苦的情緒，這條高空彈跳彈力繩，都會將對話拉回有同理心的空間中。雖然確實必須談談這些犧牲和損失，但是在情感上懲罰你關心的人，並不會讓我們有所收穫。

問題的最後一句話，給予你向伴侶展現關心和理解的機會，這最能夠緩和誠實發洩情緒時產生的摩擦。當然，這個做法只適用於沒有虐待、反社會和操控傾向的感情關係。從對伴侶同等的愛和關心出發，實際體會情緒的高低起伏——抒發自己的委屈，再給予充滿愛的理解——便能夠創造出無價之寶，鞏固和維持兩人之間的連結。

對濃烈的愛感到自豪

到目前為止，我都把這個問題視為可能的衝突點，將隱藏已久的犧牲攤在陽光下，可能會先感受到壓抑的情緒和未說出口的怨懟，之後才會以同理心重新建立連結。這確實可能發生，但絕對不是與伴侶討論彼此犧牲時唯一會產生的結果。

在第一問中，我們看過這對酷兒伴侶的對話，而現在要看的是這個問題如何反過來運作——其中一方認可另一半可能根本沒意識到自己做出的犧牲，而最終的結果是兩人哈哈大笑，覺得與彼此更加親近。

兩人起初對於誰在這段關係中犧牲比較多並沒有共識。凱特和克莉絲汀娜都認為對方承受更多壓力，當雙方都指出自己看到伴侶所做的犧牲時，兩人都十分驚訝。

當凱特表示克莉絲汀娜犧牲比較多時，克莉絲汀娜驚訝的瞪大眼睛。「什麼意思？我很好奇。」她問道。

「妳為了我的習慣，像是打掃習慣，還有我沒條理又容易分神的個性，犧牲妳的理智。」凱特解釋，這讓克莉絲汀娜忍不住笑出聲。「很難說，」凱特繼續說道：「我覺得自己沒有犧牲什麼，所以妳犧牲得比較多。」

「妳知道嗎？我不同意。」克莉絲汀娜頑皮的反駁她。

「是嗎？」現在輪到凱特因為不敢置信而瞪大眼睛：「為什麼？」

「妳家人對於妳和女人在一起，並沒有高興得大喊萬歲，對吧？」

我看得出來凱特正在消化這件事，認真的思考。她告訴自己的妻子克莉絲汀娜，她覺得她在與家人疏離這一部分，也承受了相同程度的痛苦。但是克莉絲汀娜並不這麼想，她根本不在乎，她說：「他們早就因為我耳聾而排斥我了。」她接著將重點放回凱特的家人。

「我看見妳和妳媽媽之間關係變得有多麼緊張。」克莉絲汀娜說。凱特點點頭，承認了這一點。「我很抱歉又提到這件事，但是結婚當天，妳媽媽遲到了，她應該要牽著妳走紅毯的。這說明了很多事。對於我們結婚，她還是很掙扎，不太能接受。我覺得母女關係非常重要。」

接著克莉絲汀娜又舉出凱特與幾個人的關係，都因為凱特決定與克莉絲汀娜結婚，而讓那些關係惡化或瓦解。克莉絲汀娜舉例時，凱特的臉稍微垮了下來。她似乎感受到那些損失層層疊加的重量，這或許是她第一次發現，自己真的為這段感情犧牲許多。

克莉絲汀娜接著說道：「我覺得我們面對人生的方式不大相同。對我而言，可能是因為我已經屬於弱勢，我會覺得『我是黑人、我是聾人、我是女性，那又怎麼樣？我已經處於劣勢了，那又怎樣？』但是對妳而言，我不想說妳得為了跟我在一起而處於劣勢，妳沒有，但是妳跟我結婚得面對的障礙更多，比我面對的還多。」

凱特此時露出的微笑是無價之寶。我真的認為她從來沒有思考過自己得為這段感情放棄什麼。而當克莉絲汀娜指出那些犧牲時，我看見凱特因為願意將愛情擺在第一位，而流露出的驕傲。也許她從來沒有意識到，在自己眼中，她與克莉絲汀娜的連結是如此重要、如此神聖。或許她需要借他人之眼看見自己所做的一切，才能真正看見自己對妻子的愛，是多麼強烈和牢不可破（影片請掃描第二九九頁 QR Code）。

別讓自願犧牲引起怨懟

從凱特和克莉絲汀娜的例子可以看出，是克莉絲汀娜認可和指出凱特的犧牲，才讓凱特得以從另一個角度看待這段關係。得到簡單的認可其中蘊含的力量不容小覷。

記得第四問（你想問我什麼卻問不出口？）中提到的同性伴侶凱文和艾佛嗎？圍繞著猶豫展開的坦誠對話，讓他們再次確認彼此的連結，並喜極而泣。

在那之後，在對話中繼續深入探索兩人之間的衝突。來來回回討論了一些沒有解決的問題之後，他們決定「尊重彼此的意見」，我認為凱文似乎承受了許多衝突之中的緊繃情緒。兩人沉默了一陣子，他雖然對艾佛露出微笑，但我認為那是有點緊繃、不是發自內心的微笑。

但是就在此時，艾佛打破沉默，他告訴凱文：「你在這段關係中承受了比我沉重的負擔，我都知道，我很感謝。」

艾佛說出自己的認可時，凱文整個狀態和神情上的改變非常明顯。所有的緊繃感瞬間煙消雲散，他臉上綻放出放鬆的微笑。「謝謝！」他鬆了一口氣、微微傾身，感受到因為自己的犧牲得到認可，而產生的欣慰感洗滌全身。「謝謝你。」（影片請掃描第三〇〇頁QR Code）。

感受到伴侶從未給過你的認可，便能夠鬆開在你們兩人之間的空間中糾結成一團的緊繃情緒。事實上，那簡單的認可，或許就是將犧牲從痛苦轉變為驕傲所需的一切。從認可的瞬間一直到對話結束為止，我都能看見凱文散發著自愛和獲得力量的光彩，因為他真正看見了自己藉由不自在的犧牲，對艾佛產生的正面影響。

當你做出犧牲並得到認可時，通常會感到愉快，因為你是為了他人做那件事，是為了支持別人，才將一部分的自己奉獻給你在乎的人。人生中只有少數幾件事在本質上會有如此美妙的感覺。但是，沒有什麼比送出不受認可、不受感激或從頭到尾被忽視的禮物，更能引起怨懟。簡單的認可便足以改變一切。

還有一件事很有意思，那就是這個問題和前兩個問題之間的關係。第四、五和六個問題，探討的是你們之間的互動模式如何應對衝突。第四問提到遲疑，表示這件事是一顆種子，若是不妥善處理，就會變成第五問探討的主題：最大的挑戰。

而第六問是關於未得到認可的犧牲，其中一個人解決了挑戰，卻沒有得到另一方的認可。換言之，這段關係中的其中一方，並沒有試著以團隊身分應對挑戰，而是想辦法自己解決，對此閉口不談，因此可能導致怨恨。

所以這幾個問題是息息相關的，探討的是可能發展成衝突的種子、現在面臨的衝突，以及因為沒有妥善解決而不斷潰堤的衝突。

這個問題包含好幾個層次，每一層或許都能催化你和伴侶展開宣洩情感、治癒傷口的對話。好好的、慢慢的回答，不必急急忙忙趕著回答下一個問題。讓所有需要說出口的話都說出口，然後等待對方回應。

這或許是能讓彼此都得到新收穫的寶貴時刻，可以理解對方如何看待這些產生摩擦的互動。讓這個問題發揮魔法，幫助你們反覆從彼此的角度看待衝突。如果有足夠的時間，或許會很驚訝的發現，這能幫助你們更深入了解這段關係。

「我愛你，因為即使在最煎熬的時刻，你還是源源不絕的給予，你的愛永遠存在。」

——凱迪亞

◀ 凱迪亞 vs. 潔西卡

「我害怕破產」
掃描以觀看完整對話（英文發音）。

你希望能幫我治癒什麼傷痛？

What is the pain in me you wish you could heal and why ?

這是其中一個最深刻、最有挑戰性的問題。所有人都有這樣的體驗，其中一大部分是連結與疏離、融合和孤獨、快樂與悲傷的交互作用。我們的生活經驗、親密關係和其他人際關係，都是圍繞著痛苦與快樂旋轉。

當生活帶來痛苦時，我們通常會尋找他人，尤其是親密伴侶，治癒內心的痛苦。但是在大部分的情況下，他們無法治癒我們，而出於好心卻徒勞無功的努力，會成為更多痛苦的源頭——而且是雙方都會感受到的痛苦。我們只能治癒自己。即便如此，身邊的人還是可以創造適合的空間，幫助我們治癒。通常只要伴侶誠摯的渴望治癒我們，就能創造和培養出那個空間。

拍攝時，我們經常利用這個問題作為對話的高潮，因為這揭露了人們內心最脆弱的空間，雖然探索的過程充滿挑戰，但往往是鞏固關係的關鍵。一方面來說，你通常會希望伴侶治癒你。另一方面來說，你的伴侶也會想治癒你，但是他做不到。

這個問題揭露了雙方的脆弱：一個渴望治癒，另一個渴望得到治癒。這個問題會產生支持和給予養分的機會，讓兩個人之間的連結密不可分，或許會在無意中成為這段關係的基石。

你們深知彼此的痛苦

這一題的進行流程通常是這樣：其中一名參與者拿起卡片閱讀問題，一般是自己先看完再讀出來。在向對方讀出問題之前，情緒就已經開始在心中高漲。他們已經準備好面對痛苦，不只感受到痛苦的重量，還會感受到伴侶對於治癒的渴望，以及無能為力的悲傷之中存在的美麗。

提問者通常都很清楚伴侶會回答什麼，回答的那一方便能馬上知道伴侶的痛苦是什麼，並且感同身受。雖然那不是自己的，還是感受得到。因為兩人之間的連結，所以那個痛苦也存在於他們心中。

麥蒂和馬丁拿到這個問題時，麥蒂還沒問出口，眼裡就已經噙滿淚水。她已經感受到自己的痛苦，以及馬丁因為無法治癒她而感到的悲傷。她問出這個問題時，他甚至不必回答。他感受到這麼多情緒，是因為他感受到她的痛苦、他自己的挫折，還是他感受到伴侶對自己無力治癒她而感到的同情？他們只是坐在那裡，淚眼婆娑的注視著彼此，兩人之間緊密交織的連結、理解和愛所形成的宇宙，便展露無遺。那宇宙中所有美麗而明亮的星星，都因為痛苦而逐漸成形（影片請掃描第三〇〇頁 QR Code）。

這是每一段達到特定長度和親密深度的關係必定具備的特徵：你會了解另一半的痛苦。即使那不是你的痛苦，也能感同身受。這對人類而言代表什麼？這是不是一種同理心？對於伴侶的痛苦感受，會如何隨時間改變？兩人都習慣後，痛苦會消失嗎？該怎麼做才能真的治癒對方？

誠如影片中的對話，這會是你和伴侶對話的情緒高潮。第一、二、三個問題，建立了你們之間的信任，鞏固和提醒你們之間的愛與對彼此的感激。第四、五、六個問題，是幫助你們展現自己脆弱的一面，才能夠以開放的心胸面對第七個問題。深吸一口氣，然後踏進這個問題：你準備好了。

琳妮亞和伊莉莎進行對話時，打從她們問彼此的第一個問題開始，情緒就開始高漲。兩人交往了九年，從她們的互動方式來看，我覺得她們一起經歷了非常多事情。伊莉莎反戴著黑紅色棒球帽，身穿黑色上衣、紅色短褲和相配的紅色籃球鞋，當她詢問琳妮亞希望能為自己治癒什麼傷痛時，她便開啟了一扇大門，讓情緒更深刻的事實進入她們的對話中。

成為伴侶治癒之路上的嚮導

琳妮亞有一頭彩虹般的頭髮，身穿紮染洋裝，與一身運動風格的妻子形成鮮明的對比。伊莉莎一問完問題，琳妮亞就準備好回答了。她非常清楚伊莉莎身上最沉重的重擔是什麼，便馬上回答。

「失去母親的痛。」她搖搖頭，我覺得她似乎感受到了失去至親的傷痛，沉甸甸的壓在兩人的肩膀上。「我真的希望我可以幫助妳，」琳妮亞繼續說：「但是我知道我永遠做不到。」

在整個對話過程中，伊莉莎都勇敢的讓情緒流過全身。她敞開心房，想笑的時候盡情笑，想哭的時候就盡情哭。但是面對如此痛苦的話題時，她不得不將頭上的墨鏡推下來遮住雙眼。她臉上的所有肌肉都在用力抑制住自己的悲痛。這對她而言似乎太沉重，讓她無法完整的感受。

「我希望妳自己好起來。」琳妮亞繼續說，她一邊看著伊莉莎，一邊咬咬嘴唇。「因為沒有人可以治癒妳的痛苦。」琳妮亞的神情似乎是表示她明白這不是兩人想聽到的話，但是這就是事實。治癒自己的想法，似乎龐大到令伊莉莎感到頭暈目眩。她該怎麼做呢？她該從何開始呢？琳妮亞隨後表示，她很想為伊莉莎治癒傷痛，但是她知道自己沒辦法。治癒傷痛是伊莉莎的挑戰，只有她自己能克服。

那琳妮亞要做什麼呢？她試著給伊莉莎一些她認為可能有用的觀點，希望幫助伴侶走上這條治癒傷痛的旅途。

「我只希望妳明白妳媽媽在世時經歷的事。」琳妮亞先從合乎邏輯的觀點說起：「妳知道的，她生病了，寶貝。不是被誰謀殺了，是她對抗多年的病魔帶走了她。」

琳妮亞接著告訴伊莉莎，一直抓住傷痛不放的代價。「妳將大學生活放在一邊、所有事情都拋到腦後……去照顧妳媽媽。」琳妮亞說這番話時忍不住哽咽，體會到了伊莉莎種種極其痛苦的犧牲。

直到琳妮亞的情緒開始流露，伊莉莎才終於不再壓抑，開始哭泣。她開始哭泣，是因為透過琳妮亞看見了自己遭受的折磨嗎？還是伊莉莎只是被她們之間堅強又緊密的連結打動了？還是因為她清楚看見自己的痛苦不僅糾纏著她，也糾纏著她的感情關係，在她與琳妮亞之間的空間中根深蒂固，在這情感膨脹宣洩的美麗時刻，在她心中攪起如此多的感受？

「我想沒有人能真正從失去父母的痛中恢復，尤其是媽媽，」琳妮亞繼續說：「但如果可以的話，我願意承受。我願意承受妳的痛苦……因為妳已經知道我是如何應對傷痛的，我不會讓它害死我。妳不應該這樣，妳應該從中學習，不論是好是壞，不論是得是失，妳就是應該接受，然後學習和它共存，因為那是妳的一部分，永遠不會消失。我只希望妳學會如何與那個傷口共存，不讓傷痛擊潰妳。」（影片請掃描第三〇〇頁 QR Code）

即使明白自己無法讓伊莉莎的傷痛消失，琳妮亞還是把握機會，提供充滿同理心的建議，希望伴侶學會治癒自己的傷痛。這不正是我們對所愛之人最大的貢獻嗎？在對方治癒的過程中以同理心接住對方，將這段感情本身變成充滿同情心的空間，讓對方在其中找到通往平靜的道路，然後盡我們所能在對方的旅途中撐住這個空間。

避免痛苦的循環

誠如琳妮亞所言，試著治癒伴侶的痛苦通常是徒勞無功。就算先不管為他人抹除痛苦這件事微乎其微的成功機率，但這真的是我們最應該做的事情嗎？還是這會奪走伴侶人生中最為深刻的成長和認識自己的機會？

嘗試為伴侶治癒傷痛，除了極為可能失敗以外，通常也會伴隨代價。這往往會造成更多的痛苦，不只我們會因為自己的無能為力飽受折磨，伴侶也會受到折磨。當看見你的痛苦不只在傷害你自己，也在傷害你的伴侶，因為他們在掙扎著嘗試修補自己無法掌控的東西——這會讓你怎麼想？安德魯和傑洛德便談到這件事。安德魯說傑洛德曾出於好意，努力想幫助他度過最煎熬的時刻，但那只讓安德魯更加痛苦。

「其中一件最難開口的事，就是告訴你，你幫不上什麼忙，還有看見你因為無能為力而感到多麼挫敗、看起來多麼悲傷，」安德魯分享：「真的是太糟糕了，因為我如果能讓你快樂一點，我一定會那麼做。但是人生中有些時候就是沒人能幫你，你只能想辦法解決。」幸好當傑洛德意識到自己必須徹底放手不管後，他選擇退一步，讓安德魯自己找到治癒的方法，才得以打破這個痛苦的循環（影片請掃描第三〇〇頁QR Code）。

但這不代表伴侶完全無法幫助我們熬過痛苦。事實上，學習治癒時，他們會是最有價值的資源。也許伴侶能看見你一直拒絕看見，卻仍然感受到的痛苦；也許伴侶看得見你看不見，或因太痛苦而無法面對的事。不論你看不看得見，你都會感受到，這點無庸置疑。痛苦強烈到讓你無法看見，是因為一旦看到了，就必須面對。

想想看人類的身體。身體受傷時會發生什麼事？身體會給你大量的腦內啡和腎上腺素，讓你振作起來，不再感到疼痛。你會很震驚，看見骨頭刺穿皮膚，但不見得會有感覺。那是身體在幫助你面對這個情況，讓你尋求幫助。

心靈也會對情緒上的痛苦做一樣的事，只是正好相反：你會感受到痛苦，但是你看不見，因為心靈會讓你麻痺。痛苦仍然在潛意識中，並沒有改變。那看不見的痛苦會影響你做和沒做的選擇，成為你被觸發強烈反應的原因，會影響你選擇的伴侶，還有你應對各段感情關係的方式。痛苦都會體現在這些事情上，但是你不會清楚看見。

你只會看見最終的惡果。

伴侶也會看到這隱藏痛苦帶來的惡果，就像琳妮亞說伊莉莎大學時必須做出的抉擇。伴侶通常能從痛苦體現出來的方式，追溯到痛苦的源頭，看出你的心不想讓你清楚看見的東西。伴侶可以站在獨特的立場，幫助你溫柔的剝開那防止你看見痛苦的盔甲，解決在你的人生中不斷掀起痛苦漣漪的石頭。

所以，問出這個問題時，你會聽見伴侶說出你因為被麻痺，而一直拒絕看見的痛苦。雖然聽起來很嚇人，但是別忘了，不管你看不看得見，那個痛苦始終存在。如果你看見了，就距離治癒痛苦更近一步。

當伴侶指出你一直沒有面對的痛苦，可能會使你產生更多緊繃的情緒，因為他在迫使你面對內心傷痛。如果發生這種情況，其中一方很常會將對方視為問題來源，而對方指引你走向和穿越痛苦的行為會變成在傷害你，不是幫助你。你必須盡己所能將這種對痛苦的意識視為禮物，是對方為了幫助你走在治癒的路途上而送你的禮物。

慢慢來，先深深吸幾口氣。當身處痛苦之中時，通常會想加快速度，趕緊結束這一切。人的本能反應是戰鬥或逃跑，但是應該做的是留在痛苦之中。要明白，你的心智正在盡其所能保護你；要告訴自己，這裡有可以學習的道理，還可以練習與痛苦共存。會結束的，所有事情都會結束。

「這一切都會過去的」不只是什麼了不起的箴言，更是深刻的事實。生命的一大基本原則就是變化會持續不斷發生。沒有任何事物會保持不變，完全沒有。

知道這一點後，就不要急著回答這個問題。慢下來之後，你就能創造出治癒所需的空間。痛苦或恐懼出現時，別拒絕成長的機會，而是要慢下來，心懷感激。感激人生給你這個治癒和成長的機會。

參與者回答這個問題的過程總是讓我印象深刻：

首先深深吸幾口氣，放慢步調。

其次是感謝對方分享自己的經歷。如果伴侶說出了他明知道對你而言非常痛苦的事情，那你應該感激他，因為這是這段關係具備信任與信心的美好象徵。

再來是面對。單純的見證你產生的所有感受和想法，不需要回應。你不必解決、捍衛或解釋任何事情，只要與之共存就好。看那些感受如何出現在你的心中，讓你和你的情緒之間產生距離。如此一來，你就能更輕易的從中學習。

最後，你想要的話，可以重述一次伴侶對你說的話。這是一次非常寶貴的經驗，因為你正在從對方的視角談論自己，這會給你一種類似靈魂出竅的體驗。更重要的是，這會把痛苦從你身上分離出來。你不是痛苦本身，你只是個感受到痛苦的人。我們經常忘記這個重要的區別。因為與痛苦糾纏得太深、太緊，而開始相信痛苦就是我們本身。但是並非如此，那只是揣在身上的東西。

「這個痛苦會如何幫助我？」是個值得探討的問題。有時懷揣著痛苦，是因為那能為我們所用，成為不做某件事的理由，或者合理化不追求自己渴望之事的原因。

讓自己反覆思考接下來幾小時，甚至是往後幾天產生的感受及想法。也許會有什麼重要的事情直接浮現；也許你需要更多時間、更多對話、更多探索。重點是成長的種子已經發芽了，而你已經說出自己的痛苦，將痛苦從陰影中帶出來，攤在陽光下。你可以看看最終收穫什麼成果。

「你無法抹去別人的痛苦，但可以用愛填滿。」

——戴艾文

◀ 戴艾文 vs. 特雷莎

「在這段跨種族愛情中，
誰更受到批判？」
掃描以觀看完整對話（英文發音）。

你希望我們經歷的哪件事情從未發生過？

What is one experience you wish we never had and why ?

一個人內心的傷口，可能會對伴侶產生深刻的情感影響。即使只有其中一方直接經歷了造成傷口的事件，那個傷口還是會滲入你們之間，成為伴侶雙方共同背負的十字架。那麼兩人都參與其中的痛苦經歷呢？你們一起熬過的磕磕絆絆呢？

利用第七問來面對各自的傷口，而第八問則是要探討共同的傷口。回想這個令人不適的經驗，可以鞏固你們之間牢固的羈絆，討論這個經驗如何出現和消失時，可以帶來鬆一口氣的感覺，或者，最重要的是讓你們得以從全新的視角，看待因為痛苦而不堪回首的事件，或許會讓你們擁有煥然一新的感受。

探索共同的傷口

現在討論的事情，與先前問題中探索的痛苦源頭，兩者之間最大的差別在於，造成共同傷口的經驗會影響你們的關係；那是你們的連結擁有的痛苦。這並不表示那個經驗是哪一方的錯，或是做了某件事所導致的。因為那是你們共同的經驗，所以如果你們的關係不存在，這件事根本不會發生。

這也是另一個例子，說明你和伴侶的連結是多麼獨一無二。不論是美麗或痛苦，關係都是穩定的創造泉源，是一顆耀眼的恆星，有一整個充滿從美好到悲傷事物的星系繞著這顆恆星打轉。你和伴侶回答這個問題時，可以一起從中找到祝福嗎？

這兩個問題的順序，將個人的傷口和共同的傷口都放進對話中。儘管一個人遇到和兩人一起遭遇的痛苦，源頭有著截然不同的差別，但先後詢問這兩個問題，卻能夠指出兩者之間的關聯。

人生中最難打破的一種模式，就是面對痛苦的反應。理解痛苦的方式，以及如何應對或推開那些造成傷害的事物，會成為我們的一部分。那也許是在童年和青春期無意中形成，但是現在已經不再適用的生活方式。與伴侶一起探索共同的傷口，同時檢視你們個別的反應，會讓你們發現自己對痛苦回憶的反應模式嗎？

回答這個問題時，最好著重於對不快樂回憶的主觀看法有哪些相同之處，又有哪些分歧。拍攝時，參與者不是會想到完全相同的經驗，同意那段經驗在這段感情中代表的意義，就是兩人的回答截然不同，但是耐人尋味又充滿啟發性。也許是選擇了不同的回憶，或是選擇相同的回憶，但是詮釋的方式南轅北轍。其中一方可能非常希望那共同的傷口從來沒有發生過，另一方卻認為那是必要的成年禮。

班和希卓拉是進行過多次訪談的老手，他們應該經常在日常生活中練習這種親密對話，因此面對這個問題時，已經對於共同的傷口有了大致的了解，這讓我一點也不意外。我們可以看到，即使是最不堪回首的往事，也能成為建立快樂、健康關係的過程中寶貴的墊腳石（影片請掃描第三〇〇頁QR Code）。

班問出問題後，希卓拉已然開始從這個角度看待那些痛苦的回憶。在回答之前，我彷彿能看見她回想起那些煎熬的時刻。從神情看來，她似乎真的沉浸其中，讓曾經感受到的情緒，在此時此刻再次沖刷她。雖然那些情緒進入了對話空間，她仍從當下的視角開口——她可以從這個全面的視角，看見她和班完整的感情經歷在眼前展開。

「真的很難說，我希望某件事從來沒有發生過，畢竟是因為各種事情的總和，才讓我們變成現在這樣，」她說：「還有其他更輕鬆的方法能學會這些道理嗎？我不知道，有時候只有狠狠得到教訓之後，才能學到那些道理。但我可以馬上回答，我希望我們從來沒搬去匹茲堡。」班點點頭，回想兩人這共同的傷口。

「我從來沒有這麼絕望過，」希卓拉繼續說：「我從來沒這麼難過，或這麼寂寞過……我覺得離自己好遙遠……但也不能說我希望這件事沒發生過。正因為我們的關係分崩離析，才讓我們得以重建更堅強的關係。很難說我對一切都很感激，但確實是這樣。我很感謝那件事帶我們走到這裡。」

意義深刻的重新思考

{THE AND}最讓我喜歡的一點，就是能夠馬上看見參與者轉變思維模式。當瑪瑟拉詢問結婚七年的丈夫洛克，他希望兩人從來沒有經歷過什麼事情時，他們的對話就是最好的示範，讓我們知道親密對話能如何直接引導出治癒痛苦的觀點。

「我的答案就兩個字，」洛克揚起眉毛說道：「監獄。」

「我的答案也一樣，」瑪瑟拉點點頭回道：「監獄。」

這對夫妻馬上就達成明確的共識，這個經驗是他們最大的共同傷口。但是隨著對話進行便能看出，他們對於這個傷口和傷口對這段感情的意義，其實各有解讀。

洛克將一頭長長的髒辮整齊的束在腦後，他說道：「如果我能在這段感情中改變什麼，我不會選某件事，我會改變某一段時間。」他看看地面，放慢了語速。他似乎在回想所有因為他坐牢而產生的棘手情況。他的嗓音似乎跨越了許多時空。「要熬過那些處境，是非常複雜的。」

「沒錯，但如果我們沒有經歷那些事，就不會像這樣結婚那麼多年，不會擁有現在的關係。」瑪瑟拉馬上接話，並放慢語速，確保她說的每一個字都有分量。在我看來，她拚命想化解這些年來一直殘存在洛克心中的痛苦。

「我們得忍受那些我們忍受過的痛苦，待在曾經待在的處境，經歷曾經歷過的那些事。」即便她回想起這些沉重的往事，她在整段對話中仍不時露出燦爛、歡快的微笑，且還讓她的雙眼亮了起來，在她嚴肅的神情中綻放光彩。

她說這番話時，洛克緊繃的下巴放鬆了。在我看來，他感到十分震驚，他沒想到「監獄」——一個沉重的字眼，產生了眾多令人難受的回憶，在他的伴侶眼中，竟然都是正面的事情。我幾乎能看見那些痛苦的回憶和情緒，都在他心中發生了轉變。

「我們完成了那麼多事情，」瑪瑟拉繼續說：「我們有了兒子，我們原本不會有孩子的，我們原本不會擁有現在這一切的。」我很清楚其中的弦外之音，她認為如果兩人沒有面對這些挑戰，他們就不會各自成長且一起成為現在的模樣。他們克服挑戰後，得到了許多兩人先前想都沒想過的禮物。

洛克咬了咬嘴脣，向後靠在椅子上。他似乎不敢置信。但是他隨後看了看天花板，深深吸一口氣，消化他和瑪瑟拉這段經過徹底翻轉思考的經歷。他隨後全身放鬆。我認為他接受了，看起來是第一次從瑪瑟拉帶給他的全新視角，看見兩人的過去。他再次揚起眉毛，看起來很佩服的樣子。

「那是非常深刻的回答。」他說（影片請掃描第三〇一頁 QR Code）。

將磨難變成共享的快樂

我通常會將洛克的經驗稱為「焦點轉移」——一瞬間的洞見，將過去猛然又清晰的帶進人生的脈絡中。拍影片時經常用到「焦點轉移」一詞：操作攝影機時，焦點轉移表示將一個畫面帶入焦點。回想過去時，尤其是與伴侶對話的過程中，也可能發生這種一切變得清晰明朗的瞬間。

儘管洛克戴著墨鏡，當瑪瑟拉對兩人共同經歷的煎熬時光表達感激時，還是能看出洛克經歷了這個瞬間。如果你看了完整對話，就會發現他們一路經歷的都不是小小的顛簸；瑪瑟拉感激的是儘管經歷了監獄的帶刺鐵絲網、緊鎖的單獨監禁牢房，還有各式各樣充滿挑戰的時刻，仍然維持多年至今的這段感情。這個觀點中蘊含的力量，立刻影響了洛克。他一瞬間就看見了兩人共同經歷的磨難代表的意義，看見他們如何一起將磨難轉變成共享的快樂。

我知道這樣的感受轉變是多麼不可思議，拍攝〈THE AND〉也讓我獲得了焦點轉移的寶貴經驗。前面我曾分享過，父母離異和我對接納親密關係的掙扎，數十年來都是我的痛苦源頭。失敗的愛情、一次次徹頭徹尾的失敗和絕望，宛如麵包屑一般，遍布在我二十多歲和三十多歲的人生裡，鋪成一條走得跌跌撞撞的道路。

有好幾年的時間，這些事在我看來都是沒有意義的折磨。接著，在我接近四十歲，拍攝其中一段對話時，我內心的某個開關打開了，我對自己過去的看法徹頭徹尾改變了。我清楚看見我目前的人生軌跡，我所有的痛苦，都是為了催生這個我深愛的計畫，讓我整個人變得更加完整，遠遠超出我的想像。

我花時間磨練製作影片的技巧、追逐自己的熱情時，都在思考自己為什麼在做這件事。但是我親眼見證的對話在在讓我明白，關注人與人的連結就是我的使命。

影片參與者在神聖的情感舞蹈中產生、感受，並且由兩個靈魂反覆給予彼此的深刻親密關係，是我年輕時從未想過自己會見證，或認為可能會發生的事情。如果我沒有經歷一開始痛苦的傷口，還有隨之而來的所有磨難，就不會發生這一切，因為那個傷口創造了我的欲望，而那個欲望又創造出我現在能與其他人分享的禮物。

當這一切都在靈光乍現的清晰瞬間合而為一時，我感受到肩膀上沉甸甸的重量消失了。事情並非都是沒有意義的折磨，痛苦和困惑都有其目的。這些年來我都不知道目的是什麼，但是我的焦點轉移時刻，終於重重擊中了我，對旅途上種種遭遇產生的強烈感激，幾乎將我撕裂。

這就是我的故事。那麼你呢？不論是什麼故事，閱讀這段文字的時候，都在你腦中浮現了。你身上有沒有一個，屬於自己的或與他人共有的傷口，一面感受到刺痛，一面思考著這究竟是為了什麼？我深深相信，如果帶著開放的心胸和充滿好奇的心遨遊世界，終究會明白事情為什麼會這樣發生。焦點轉移的時刻終究會到來，而且不只一次，會發生很多次。

我曾經是個無法理解人與人之間的親密連結的人，而我現在寫了一本書，不只告訴大家如何建立親密連結，還告訴大家如何加深連結，這就是我的親身經歷。

這會是個棘手的問題，因為你們得重新回想或以新的角度思考不堪回首的往事，這必定會產生很多情緒。但是必須產生情緒，感受到這些情緒，之後才能真正放手。不只是想到，而是真正感受到。正如一張圖勝過千言萬語，一個情緒也會勝過千頭萬緒。所以停止思考，好好感受吧。

這就是人們常說的「處理情緒」。但究竟是什麼意思？其實沒有必要說得這麼複雜，我們可以直接說「感受」情緒就好。所有的情緒都需要被感受到。假如你試著抵抗情緒，試著削弱情緒完整的力量，而不是感受或評斷自己擁有的情緒，那些情緒就會如影隨形跟著你。如果你真正去感受，那些情緒就會更快離開你，只要身體在一個瞬間真正感受到，就足以斬斷千頭萬緒，讓你感受到人生接下來帶給你的新情緒。而這個問題會給你和伴侶一起做這件事的空間。

有時甚至不一定要說什麼來回答，這個情況經常發生。伴侶雙方都知道他們共同的傷口是什麼，但是都不想在鏡頭前說出來。不過，在大多數有建設性的對話中，參與者遇到這個情況時都不會排斥，而是會繼續進行下去。他們會安靜的沉浸在自己的情緒中，四目相對，然後全神貫注在自己的身體上。有時候這樣就夠了。

你感受完情緒之後，就放手。花點時間好好感受再繼續前進，這是關鍵。你不必困在發洩煎熬情緒的狀態中。在你為了對話而創造的空間裡，釋放壓抑許久的情緒。讓自己盡情感受，讓伴侶感受。認清每一個感受，然後放手。感受到那些情緒後，你便能以更清晰的思緒，著手處理引起那些情緒的問題。

「我永遠都不希望你忘記，你為自己經歷的黑暗，帶來了多少光明。」

——拉辛

◀ 拉辛 vs. 蓋里

「開放式關係如何讓我們關係破裂」
掃描以觀看完整對話（英文發音）。

你覺得自己從我身上學到什麼？

What do you think you are learning from me ?

時至今日，沒有任何一位科學家、偉大的哲學家或睿智的精神領袖，提出一個令所有人都同意的明確答案，說明我們為什麼會在地球上。

我不敢說自己是多了不起的人，但是有鑑於我從人生旅途中學到的道理，若是要我猜猜看，我會說我們是來地球上學習的──不，不是學習瑜伽士獨自在洞穴裡冥想時尋求的奧祕知識，而是從彼此身上學習。

你可以從大學教授、同事，或在車陣中插隊的人身上，學到價值連城甚至無比深刻的道理。但是人生中最深奧、最神聖的道理，是你從最親近的人身上學習到的。我們的親密關係，以及與我們建立親密關係的人，都可以是最厲害的老師。

所以，你從坐在你對面的人身上學到什麼呢？對方給了你什麼歷久不衰的禮物，讓你在結束這段對話或這段感情後能夠帶走？跟一個每天都能教導你新事物的人跳起同步又和諧的舞蹈，是什麼樣的體驗？

深入探究不自在的情緒和衝突，引導你們進入對話的高潮後，此刻出場的是這個問題。前一段對話有時候會感覺像在為你們的關係開刀，剖開所有防護，赤裸裸的呈現你和伴侶在那防護之下交織在一起的脆弱。過程中或許會挖掘出根深蒂固的怨恨，攤在陽光下；或許挖掘出痛苦的回憶，是為了在能夠提供養分和支持的空間中，讓傷口癒合，但也可能不會。

不論遇到哪種情況，都深深的吸一口氣，花點時間認可你們熬過這段過程的勇氣。恭喜你們，那一部分的對話結束了。你們熬過、活下來了——你們的關係變得更堅強、更健康，而且重獲新生，可以進行接下來的流程。不過，你們不能將這段感情繼續放在手術檯上。現在要將開口縫合，方法是感謝你的伴侶和他提供的一切。

以感激撫慰傷痛

一直以來從伴侶身上學到值得珍惜的寶貴道理，是不論在回答最後幾個問題的過程中發生什麼事，你都會感激的道理。此時焦點轉移：轉移到伴侶出現在你的人生中後，帶給你的不可收回的禮物。如果先前的問題挑戰了你們之間的連結，那麼現在以新的視角感謝和欣賞，就能再次肯定和鞏固連結。展現脆弱不會害死你。事實上，脆弱會讓你從感激的觀點看待一切，看見伴侶教導你的寶貴道理。

這個問題是請伴侶分享他從你身上學到的事情，而不是問他教導了你什麼。這樣會讓對方從欣賞和認可的角度出發，而不是從以自我為中心的角度去看。意識到自己在學習後，他會以更謙虛的心態分享。他會讓你知道在哪些方面他是學生，而你是老師。角色對換，換你有機會回答後，權力架構會翻轉；你變成學生，而對方成為老師。這一來一往的過程，將會凸顯出，你們因為共築生活而產生專屬於你們這段獨特關係的交互作用。

量身訂製的鏡子

重溫安德魯和傑洛德的對話，了解伴侶能教導我們的道理其中蘊含的價值，以及這些道理是多麼獨特，專屬於我們與對方共享的連結。先前在介紹第四個和第七個問題時，敘述過這對同性伴侶如何面對關係中的種種衝突。我們看見他們勇敢承認自己的錯誤，聽見他們分享，自己如何將挑戰轉變為真正成長的機會。

因此，當傑洛德問安德魯他從自己身上學到什麼時，安德魯想到的第一個詞是「耐心」，這讓我一點也不意外。安德魯隨後用低沉又富有磁性的嗓音解釋自己的回答，他說傑洛德教會他的這件事，徹底改變了他對人生的看法。

「你就是一個耐心多到不可思議的人，我從沒看過有人有你這樣的耐性，」安德魯告訴丈夫：「炸彈爆炸，大家都徹底崩潰的時候，你還是會很從容，而我則抓狂。你總是會叫我冷靜，告訴我一切都會沒事的。這就是為什麼我們剛開始交往的頭兩年，我以為你瘋了。」

傑洛德此時笑出聲來，露出一個燦爛又俏皮的笑容，然後看向自己的腳。

安德魯繼續說：「我心想，這傢伙一定默默搞砸了什麼，只是他還沒發現。我們終究會遇到大麻煩，然後他會大吼著『我的天啊，這一切都只是我裝的！』但結果並非如此。你的冷靜是真的！」

安德魯此時也跟著笑了一下。他似乎覺得很不可思議，自己以前居然認為一個人不可能擁有真正的耐性和平靜。他一邊笑，一邊繼續說：「直到我跟哥哥說起這件事，他才說『沒錯，其實真的有心態很健康的人』。有些人……真的是很好的人。」

傑洛德只是單純的做自己，就教導了安德魯如何放慢腳步、如何更平靜，以及如何有耐心，而且遠遠不只如此。看見傑洛德真誠又確實的相信一切都會順利，而且願意在他承受壓力時照顧他，安德魯學習到可以相信其他人的行為，相信一個人是表裡如一的，他人的善良和耐心並不只是表象。我可以想像這個發現如何影響了安德魯的行為，不只是他與傑洛德的互動，更是他與所有人的互動。

傑洛德成為他的鏡子，讓安德魯看見自己對其他人「心態健康」（按他的話所說）的懷疑，也讓安德魯看見自己為了達到傑洛德的「心態健康」程度，可以在哪些方面更加成長。

但是在安德魯看來，如此深刻的道理，還只是其中一件他從丈夫身上學到的事。他說，傑洛德透過兩人的力量結合，還有兩人獨特且專一的連結，拓展了他對生命各種可能的看法。

安德魯繼續說：「有鑑於我的背景……我的家人，還有他們虔誠的信仰，及令我感到壓迫的意識形態和神學觀點，從小我就覺得自己永遠不可能擁有某些東西。我永遠都不可能在結婚前，停止思考自己是不是犯了錯；我永遠都無法成為真正的自己。我形塑自己的人生時，始終跳不出這些限制對我人生面貌的局限。接下來我認識你、跟你在一起、跟你結婚，這一切都很不真實，因為我從來沒想過這個可能性，也沒想過我的家人會支持我們。」

考量到安德魯在保守的環境中長大，在傑洛德進入他的人生之前，安德魯從來沒想過自己能過上兩人現在的生活——以同性伴侶的身分結婚。但是令他訝異的是，這不僅是一個可能性，更是他每天真實的日常。

除此之外，他還非常震驚的發現，自己信仰虔誠的家人，竟然也願意認可這段婚姻。安德魯對世界的運作方式，還有對人生和未來發展的看法，都因為與傑洛德在一起而發生天翻地覆的改變。我發現這件事本身十分美麗、不可思議又動人心弦。

但我希望你們注意安德魯接下來告訴丈夫的事情，我發現那是我們從這對伴侶美好的故事中，能學到最重要的道理。

是這樣的，安德魯認為如果他的對象是別人，就不會發生這樣的思維模式轉變。是傑洛德，也只有傑洛德能夠讓他覺得人生充滿更多可能，永遠改變他這個人和對未來的看法。

「很大一部分是因為你，」安德魯告訴自己的伴侶：「不只是因為我的家人覺得『哦，我現在接受你了』，而是因為你的為人。你就像大家公認的完美男友，我可以帶你去找反對這段戀情的人，告訴對方：『你對我們的感情有意見嗎？見見這個無與倫比的人吧，我敢說你一定說不出他的壞話。你現在真的該認真想一想，你為什麼覺得這段感情有背道德。』」（影片請掃描第三〇一頁 QR Code）

正是傑洛德本人，還有安德魯與他獨一無二的力量結合，才讓安德魯和他的家人都看見全新的可能性。若是換作別人，還能為安德魯和他所愛之人帶來這些改變嗎？還是說我們與伴侶就像兩片拼圖，像量身訂製的鏡子，我們可以建立連結，映照出彼此一部分的樣子，而且換作別人就無法做到這些事？

一個人處於真正的親密關係中時，他和伴侶都會處在一個獨一無二的位置，教導對方只有自己能教導的道理。所以，你正在學習什麼只有伴侶能夠教導你的事情呢？你已經分享了對方給予你的美好經驗，他在日常生活中帶來的親密時刻，他可能傷害你的方式，以及他支持你熬過痛苦的方式。此時可以告訴他，他如何將你變成更好的人，或者以安德魯的例子來說，如何讓你以全新且更開放的方式生活在這個世界上。

這當然是伴侶送給你的禮物，但這也是他為全世界做出的貢獻。他教導你、幫助你成長之後，便能產生永無止境的連鎖反應，讓你以更細心周到的方式與你遇到的所有人互動。熬過這段對話中的諸多艱難時刻後，感激對方為你帶來的改變，不就是幫助伴侶重新意識到自己擁有獨特力量的美好方式嗎？

假如你面對這個問題時，覺得自己說不出伴侶教了你什麼，該怎麼辦呢？或者，如果他們似乎什麼都沒教你，該怎麼辦呢？

如果這是你的直覺反應，請不要因為這深度學習經驗的缺乏，讓你產生批判和痛苦的情緒化回應。先深深吸一口氣，將思緒釐清乾淨。

在回答前幾個問題的過程中，可能會有很多沉重的情緒在四周盤旋，蒙蔽了你們的雙眼，讓你們無法以感激的目光看待這段感情。花一點時間等沉重的氛圍煙消雲散，就能看得更清楚了。讓沉重氛圍消失的方法，就是凝視伴侶的瞳孔至少十秒鐘。

別忘了這雙陪伴你同甘共苦的眼睛。這雙眼睛讓你看見自己的倒影。深深吸幾口氣，感受你對於他出現在你生命中的感激之情。將這段時光視為短暫的冥想，將你的注意力放在呼吸和新產生的情緒上，而不是繼續陷在先前的對話產生的情緒中。如果你照著做，我幾乎能肯定，你會找到一些伴侶教導你的正面事情。

你可以自由定義何為正面。也許伴侶教導你的是可以藉由設定更嚴格的界線受益，或者你想要一個會專心聆聽的伴侶，或者你能以健康的方式從衝突中成長。或者你到現在為止從對方身上學到最正面的事情，就是你希望多進行這一類的對話，而且你很感激對方和你一起進行。

就算對方教導你的事，是讓你發現你再也不想忍受他了，你也得感謝對方。那仍然是個珍貴的禮物，隨著時間推移，你終究會感謝對方將其帶入你的生命中。

「你讓我覺得自己這一生做了好事，人生感到完整。」

——克里斯

◀ 克里斯 vs. 伊姿梅

「我們實在太相愛，
大家都以為我們在說謊」
掃描以觀看完整對話（英文發音）。

對於未來，
有什麼是你迫不及待想與我分享的？

What is one experience you can't wait for us to share and why ?

假如共同的過往是一段感情的船錨，那麼對未來的夢想就是揚起船帆的風。在這段對話中，你們已經走了很遠；你和伴侶對於你們的連結了解得更深了，你們現在站在這艘船的桅杆瞭望臺上，一起鳥瞰你們的故事。

這個問題是希望兩人一起看向地平線，想像前方是什麼風景。你覺得你們的人生會如何一起開展？未來有什麼事情會讓你興奮不已？你的伴侶也對那些事感到興奮嗎？你們對未來的夢想一致嗎？有什麼事情會將你們兩人一起帶向共同故事的新篇章？

找出共同的夢想

在先前的問題中，你們已經穩定身心、體驗親密、展現脆弱和治癒傷痛；也已經深深沉浸在這段關係的美麗與困難之中。來到第十問時，應該能夠比開始對話前，更清楚看見這段關係究竟走到了哪裡。

即使此刻的你對於這段關係感到更困惑，你得到的訊息也比一開始多。因此這是個完美的機會，探索未來希望發生的事，以及思考為什麼自己還維持著這段關係。

共同經歷的過往或許是基石，而你們希望在那個基石上建立什麼樣的房子呢？這次對話讓你們探索了過去，給予對方豐碩的學習和成長經驗，但是有沒有看見未來存在更多學習、更多成長的可能性呢？目前有沒有正在進行或規畫未來的共同計畫？例如養育孩子、一起創業，或者任何共同的目標？最重要的是，這是雙方都期待的事嗎？那件事有沒有足夠的吸引力，讓克服驚濤駭浪時付出的努力都是值得的？

這一題可以回應第一問（在我們共享的回憶中，你最喜歡哪三個？為什麼你珍惜這些回憶？），當時探索了兩人一同擁有的獨特經歷；現在要看的是，在未來會創造出什麼令彼此興奮的新體驗。希望在描繪夢想時，可以明顯感受到共同的興奮感。

這是一次機會，可以連結你尚未體驗到的快樂，以及讓你開放心胸展開有趣的想像。這既是邀請你們共享計畫的快樂，也是給予彼此安心和保證的時刻。想像你們可以達到的目標、前往的地方、共築的人生，這會讓你們覺得所有在對話中指出來的挑戰，都是值得正面迎戰的。讓回答展現潛力，將彼此帶進共同的未來之中。

或者讓回答告訴你們，儘管有共同的故事和珍貴的回憶，你和伴侶還是走在截然不同的道路上。你的抱負是讓你和伴侶都感到興奮，還是只讓你感到興奮？最好專心思考一下，你有沒有希望在未來達成的目標，不是個人，而是兩人一起完成？

我永遠不會忘記自己有一次與一位導師談話，他住在柏克萊（Berkeley），是一個睿智又充滿好奇心的人，也是三個孩子的父親，擁有豐富的生活經驗。他讓我清楚明白，與伴侶擁有共同的夢想是多麼重要。

他最小的孩子剛上大學，他說自己和妻子撫養三個小孩的任務已經接近尾聲，因此兩人開始討論接下來共同努力的目標是什麼。他說，如果想不到下一個目標，就會考慮分道揚鑣，即使兩人已經結婚多年。

如果沒有可以共築的目標（就算不是像養育孩子這樣明確的目標也可以），就無法確定這段關係足以讓他們在接下來幾年都感到圓滿。建立一段關係，是給兩人共同築夢的機會，這並不表示你就不能有自己的夢想。不過，還是值得問問自己，有什麼讓兩人都雀躍無比的共同夢想，只有一起參與時才可能實現。

千萬要記得的是，將夢想轉化為現實的過程，可能需要大量的努力和合作。這個問題會給你空間，檢視這段還躺在手術檯上的關係，從船上的桅杆瞭望臺往下看著一切，並且將你們在對話中探索的所有優點和缺點都納入考量。

你和伴侶有沒有發現船上哪裡出現漏水？有鑑於你們的目的地，你覺得這些漏水嚴重嗎？你們是描繪出同樣的航線，還是各自畫出分歧的航道？這個問題會幫助你們明白，什麼事情正在將你們拉向未來，而你們可以把握這次好機會，看看這艘船是否足以載著你們前往想去的遠方。

隧道盡頭的亮光

我們在二〇二〇年拍攝了愛可蘭達和喬賽特的對話，當時全世界都因為新冠肺炎疫情而被迫足不出戶，可說是曠古未聞的現象。愛可蘭達是一位言行舉止間散發著自信，甚至可以說是氣派的女子，她抹了粉紅色的唇膏、戴著黑框眼鏡。

她詢問伴侶：「對於未來，有什麼是你迫不及待想與我分享的？」喬賽特此時彷彿看向遠方。那是典型的夢想家神情，能完全體會想像快樂的人才會擁有。

「好多。」喬賽特雀躍的說，她銀白色盤髮下方的臉上，閃過一抹溫暖平靜的微笑。「我們有好多……。」

愛可蘭達一臉滿足的看著喬賽特盡情想像，但是她打斷了她，將她帶回此刻。「我們說過等全世界解封之後，我們想做什麼？跟家人一起？」

「哦！」喬賽特突然想起來了：「到非洲旅行。」她點點頭，我猜她想起了兩人先前多次提到這趟冒險的對話。「妳說得對，那就是我要說的。有好多事要做，我們一起旅行的次數不多。我們都是各自旅行。所以我最想做的其中一件事就是這個，與家人一起當然很好，但我就是想跟妳一起出發，多看看這個世界。」

她說完最後幾個字後，我看見彷彿孩子一般滿溢的興奮之情竄進喬賽特的雙眼。可以清楚看出，這是她們十六年婚姻中經常浮現在她心頭的夢想。而且是由愛可蘭達先提起兩人之前關於這趟夢想旅行的對話，由此可見這是伴侶雙方共同的夢想（影片請掃描第三〇一頁QR Code）。

看著她們如此興奮又充滿希望的談起，限制解除、國境開放後，兩人要一起做的事情，我便明白這個共同的夢想，一定幫助她們度過了封城期間的種種困難時刻。共同夢想的力量有時就是如此強壯，會成為最長、最黑暗的隧道盡頭的亮光。

當愛不再是一個動詞

區別共同的夢想和個人的夢想非常重要。參加過多場〔THE AND〕對話的琦莎和安德魯，各自問了對方這個問題。雖然對話是不同年分拍攝的，但是他們都在幾秒內回答伴侶的問題，而且十分篤定的說出了相同的答案。「小寶寶！」當安德魯問出這個問題後，琦莎幾乎是用喊的說出答案。在之後的對話中，輪到安德魯回答時，則是稀鬆平常的說道：「生孩子。」這顯然是兩人共同的夢想——他們歷經風風雨雨後想像的未來，帶領他們走向未來的夢想（影片-請掃描第三〇一頁 QR Code）。

但如果你和伴侶的夢想不一樣，該怎麼辦？萬一目標不同呢？假如你願意退讓幾步完成伴侶的夢想，但那件事卻不怎麼令你感到興奮，讓你沒有很渴望隨著對方一起跳進下個篇章，那該怎麼辦？

這或許是最常讓人產生「我愛你，但那不是愛情」這種感受的情況。你已經成長和改變了，而你還是愛著你的伴侶。但是你已經不再對兩人共築的未來感到興奮。儘管你們對彼此仍然有愛的感覺，你們各自的熱忱卻將你們帶往不同的方向，因此你們之間的愛不再積極，不再是動詞，兩人不再相愛。

我三十多歲時，與一個我非常在乎的對象交往。當時同居，甚至考慮向她求婚。但交往兩年半之後，情況發生轉變。我們之間的能量流失，對這段感情的投入也減少了，這是我們不曾面對的情況。為了解決這些問題，我們預約了伴侶諮商師。在一次療程中，諮商師問我們對未來懷抱什麼樣的夢想。

我不假思索的分享，我希望將來拍攝影片和創作時，我、伴侶和我們未來的孩子可以一起環遊世界。我想要在南美洲住一年，然後在某個時間點到日本去。不想每隔兩星期就搬一次家，但希望我和未來的家人往後的日子充滿新鮮的體驗。我說這一番話的時候，感受到一股能量竄升，體內產生了興奮的快感。我感受到自己充滿活力、非常投入，夢想在我眼前變得立體。

而我的伴侶說，她希望在布魯克林擁有一棟褐石住宅，與家人過著幸福快樂的生活。想像著這截然不同的夢想時，我可以看見同樣一股能量讓她充滿了朝氣。

她說起自己的夢想時，我因為想到南美洲和日本而浮現的興奮之情，全部都離我而去了。我感覺自己頓失活力。我愛這個人，但是那不是我想要的未來。諮商師注意到了，看見我們熱切渴望的生活可說是南轅北轍，她便問道：「所以，現在唯一的問題，就是你們想快速的，還是慢慢撕掉OK繃？」

她給我們兩個選擇：立刻結束這段感情，或者為了減緩分離時必不可少的痛苦，而打一場注定走向失敗的戰役，因為我們都無法追求自己真正想要的人生。

她說完後，我們陷入漫長的沉默，我可以感受到諮商室裡的空氣越來越冰冷。隨著沉默永無止境的持續下去，我才突然發現，我們兩人都沒有開口提出第三個選項。我想我們都意識到諮商師說得沒錯，如果不想自欺欺人，那真的別無選擇，只能分道揚鑣。我感覺自己無比痛苦的接受了現實。

我們共度許多快樂的時光，也共度了這揭露一切的瞬間。但是我們如何能共度一個，不能讓我們同樣感到興奮的未來？怎麼能讓自己所愛之人，因為明白自己實現了別人的夢想，卻無法實現自己的夢想，而遭受痛苦的折磨？

我們在療程結束前就離開了諮商室，去了常去吃午餐的餐廳。吃飯的過程中，我們都哭了，但是也笑了。哭，是因為彼此都感覺到生命中一個美好的篇章即將結束；而笑，是因為我們還是很喜歡對方的陪伴，還是會因為待在對方身邊而感到快樂。我們的笑聲中也透露著些許寬心。

撕下OK繃確實是痛苦的，但是我很高興自己並沒有將她拽離她的人生軌道，而同樣的，我也沒有讓愛戀（不管有多麼美好）將我拖離人生軌道。

我們選擇分道揚鑣、好聚好散，而不是讓對痛苦的厭惡或對寂寞的恐懼，將我們拖進一個遲早會怨恨彼此的未來，我想我們都對這個決定感到驕傲。即使分手時不算很開心，還是對這個決定感到快樂。

一如往常，我鼓勵你聚焦在你的情緒反應。和伴侶談起的未來，是讓你全身上下興奮不已，還是讓你……一點感覺都沒有？別忘了，假如夢想不一致，還有妥協這個選項。討論妥協或想像如何妥協時，再次深入探索你的感受吧。你們想要一起創造什麼？就算只是想在星期天早上懶洋洋的喝咖啡、看報紙，也沒關係。不一定要是了不起的大事，只要是一致且共同的目標就可以。這件事讓你感到興奮嗎？有打動你嗎？

不論這個問題衍生的對話，是充滿完美契合的共同夢想，在各自的夢想中尋找可以同時實現的交集，或者發現你和伴侶共同的最大夢想並非遠在天邊，而是明天就能獲得的快樂，都要記得在對話時保持耐心，慢慢來。

未來唯一能確定的事，就是你無法預測未來。夢想會改變，人也會變。以溫柔的好奇心，看待從這個問題衍生而出的每一件事。你需要花時間看你們的夢想成形，或見證夢想轉變成什麼。而你們有權在任何時刻改變夢想。

對許多人而言，生孩子之後夢想就改變了，為了將孩子的需求放在第一位，你會將自己重視的事都拋到腦後。如此一來，你就改變了。價值觀變了，因此將你帶進未來的事物也變了。這樣很好，而且完全在意料之中，一點都沒問題。我們只是從你人生中的制高點往下看，聊聊你們現在的夢想。讓夢想成為引導航行的羅盤，但是不要為了倉促邁向未來而犧牲現在。

你和伴侶進入對方的人生後，形成了文氏圖，而中間的交集就是你們共同的夢想和目標，是一段關係中最獨特的指紋。從那獨一無二的交集點出發，將交集轉化為行動，轉變成一起做的事，這確實是讓兩人的連結更加親密的好方法。

「我喜歡和妳一起計畫未來，喜歡回家時有妳在。」

——艾莉卡

◀ 艾莉卡 vs. 卡蘿琳娜

「見證這對愛侶求婚」
掃描以觀看完整對話（英文發音）。

如果這是我們最後一次對話，你希望我永遠記得什麼？

If this was our last conversation, what would you never want me to forget ?

這段對話的倒數第二個問題，旨在思考更遙遠的未來，思考你和伴侶有一天終究會面臨的別離時刻。不論是感情或生命本身的結束，都會帶來分離，這總有一天會發生。故事真正結束後，就無法再告訴伴侶，你們的羈絆中最重要的面向是什麼。

假如等得太久，你會失去將話語說出口的機會。但如果你完全不等待，會發生什麼事呢？如果你選擇在這個時刻分享那些深刻的言語，會怎麼樣呢？回答這個問題會讓你明白，選擇現在開口不會讓你有任何損失。事實上，你能從中獲益不少，還能給予對方極其寶貴的禮物。

映照出彼此的光

這段對話經歷了治癒、和解，並認可伴侶在旅途中給你的一切，而現在這個問題，是讓你們思考旅途結束的時刻。經歷了先前的對話後，你們或許會認為終點已近在眼前，又或許這次經驗讓你意識到，你希望你們一起踏上的旅程會永遠持續下去。

若是後者，雖然我實在很不想潑冷水，但沒有事情是永恆的。塑造整個宇宙形狀的能量，本質上就是不斷流動和改變的狀態。沒有任何事物能永遠存在，假如想讓某個東西永遠存在，就是否定生命與生俱來的韻律。你越能夠擁抱所有好壞中蘊含的高低起伏，就越能夠平靜、優雅和有意識的讓生命的潮水在你身上流動。

不論你們共同的旅程是在明天或五十年後結束，如果花點時間，想像一下你與伴侶將來分離的樣子，你鐵定有重要的最後幾句話想對他說。可以是建議、是讚美，或是單純的示愛。試著將那些話語呼喚出來，想像自己大聲說出那些話是什麼感覺？感覺很難為情嗎？還是宣洩了不少情感？很嚇人？令你頭暈目眩？令你眉開眼笑？

因為分離的時刻仍然在遙不可及的遠方，而你知道自己明天還會見到伴侶，所以不論你現在希望對方永遠記得什麼，你對他說的話都很有可能顯得太難以消化、太龐大、太沉重。因此，為了保護自己，免於完整表達情感時猛烈來襲的力量讓你變得脆弱，所以才要留到最後一次見面時再說。

不過，先看看你們在這段對話中完成多少事吧！進行到此，表示你們已經能夠駕馭強烈的情感，一次又一次從脆弱的角度開口。因此，這個問題的目的是利用你和伴侶建立的舒適感和信任，讓你把握這次難能可貴的機會，說出深刻、誠實、脆弱，以及在你和伴侶的連結中根深蒂固的想法，那些在一般情況下不會說出口的話。

到目前為止，我從人生學習到的事情中，只有寥寥幾件與「心是為愛而生」這個想法一樣真實。但在人生中，因為一些經驗和文化的影響，讓我們的心結了一層繭，阻斷那源源不絕向外溢流的愛。這幾乎會發生在每一個人身上，這是生活在這個時代自然而然會遇到的事。

拒絕、虐待和創傷都會在體內留下傷疤，而傷疤會成為護盾，保護我們不受到更多傷害。再加上社會教導的規則，告訴我們哪些事可以分享，特定情況下展現多少情緒是適當的，以及在別人面前通常該怎麼表現，我們眼前便形成一條充滿障礙的道路，讓純粹的愛意難以走進這個世界。

因此，分享內心自然創造出的，未經修飾、未經稀釋、璀璨無比的愛時，經常會令人不自在。不會覺得輕輕鬆鬆，而是困難無比。會覺得這麼做非常浮誇或老套，但那不是我們真正的感受。那是來自文化的批判，而我們在無意之中被同化了，還有情緒從積累的疤痕中鑽出來時感受到的不自在。

顛覆文化批判的方法就是產生意識，明白那不是你的想法，以及在你想開口的時候就開口說出內心的感受。不過社會的制約作用實在太強了，因此這並不容易。所以讓這個問題成為溫和的第一步，將這個做法更積極的帶進你的生活中吧。

誠如在第六問（你覺得自己做了什麼我並不知道的犧牲，為什麼你這麼想？）探討犧牲的方式，可以把這個問題當作「擋箭牌」，是為了回答問題才說一些可能感覺很「浮誇」的話，你們也可以說是我害的。不論如何，願意在這個受到引導的對話中做到這件事，會讓你發現說出真心話是多麼令人寬心的一件事。而現在正是時候。

藉由回答前幾個問題建立起來的信任，創造出了一個正好符合這個親密程度的空間，你們一同耕耘這段關係、這段連結兩人的故事形成的土地，這一刻是你們爭取來的。在耕耘的空間中開口，更能讓你的伴侶帶著深深的感激回應，不會覺得反感或被壓得喘不過氣。你難以想像，自己的肺腑之言對他們而言多有意義。

思考能為彼此做的事，以及如何豐富彼此的人生時，我總會想起精神科醫師兼作家大衛・S・維斯寇（David S. Viscott）說的話：「人生的目的是找到你的天賦。人生中一切的工作都是為了發展天賦。而人生的意義是將天賦作為禮物送出去。」

有多少人會花時間尋找自己已經擁有，卻從來沒察覺的天賦？有多少人一生顛簸，從來都看不見自己的美麗、智慧和天分？最親近的人會是最有力的鏡子，映照出自己看不見的事物。我們已經見識過伴侶如何幫助彼此注意到這一點，進而成長為更完整的樣子。而同樣的情況，也可能發生在我們最優秀的特質上。有時候需要人生中的某個人，勇敢的說出我們最光輝燦爛的模樣，我們才會意識到自己的光彩，進而主動且有意識的回饋給全世界。

二〇〇八年，我正在拍攝一部名為《何謂美國》（*Americana*，暫譯）的紀錄片，並前往古巴、墨西哥、土耳其、阿爾巴尼亞、越南和日本，以及許多國家，為了從全世界的視角尋找一個問題的答案：當一名美國人是什麼意思？

其中一站是日本廣島，我在那裡訪問一九四五年八月六日原子彈轟炸事件的倖存者。經歷這麼多苦難後，他確實有許多智慧可以分享。他說的其中一件事，深深烙印在我心中，那就是：**你這輩子只會真正認識一千個人**。

以一輩子的時間而言，這個人數並不多。在人生中接觸的這寥寥數人，能教會你什麼道理呢？你又能提供他們什麼呢？對你人生中的那些人而言，你是什麼樣的鏡子呢？人類跟真正的鏡子不一樣，我們可以選擇映照出什麼給全世界和鏡子裡的人看。你映照出來的是什麼呢？你選擇映照在所愛之人身上的光有多麼明亮呢？

誠實的回答

我永遠不會忘記，參與拍攝的母女檔凱莉和薇吉對這個問題的回答。

凱莉當時四十四歲，她的母親薇吉八十多歲，一頭銀髮、戴著眼鏡。凱莉一問出這個問題，她就知道母親會怎麼回答。

「上教堂？」她帶點挖苦的推測，母親可能會利用這個機會對她道德勸說。畢竟她當了薇吉的女兒四十多年。她其實也沒全猜錯。

「沒錯，要相信神，」薇吉回道：「要對別人好一點，因為妳不是世界上唯一一個人類，對吧？」

「我倒是第一次聽說。」凱莉笑著說道，兩人同樣充滿詼諧的幽默感表露無遺。

兩人都笑完之後，凱莉的臉稍微垮了下來，她說：「這個嘛，我們的問題都問完了。」她是不是有點失望？她是不是直覺發現少了點什麼？我認為她似乎接受了母親只給她一個幽默的回應，雖然很真實，卻不是反映出這段連結的深刻事實。

而薇吉接下來才開始認真的回答。她將用幽默做成的盾牌擱置一旁，向女兒說出真正的心裡話。

「人生中還有許多問題沒解答，」她眼中閃爍著一絲笑意說道：「但是那些問題偶爾才會冒出來，所以妳隨時都可以來找我。我或許無法給出妳想聽的答案，但是我會給妳誠實的答案。」

「那是當然的。」凱莉插嘴，顯然以為她們要繼續在對話中挖苦和開玩笑。但是薇吉的語調變了，她的嗓音變得更有厚度，從她體內的另一個地方說出來。凱莉並沒有預期到她接下來要說的話。

「我會一直愛妳，直到我離開這個世界，」薇吉繼續說：「到時候我就很難跟妳說話了，但是妳知道我會在天上某個地方守護著妳。」一個真誠的、充滿驕傲和愛的微笑在她臉上綻放。「我非常愛妳，妳為我的人生帶來好多收穫。」接著，她的笑容消失了，突然恢復她在整段對話中保持的嚴肅神情。薇吉告訴女兒：「就算我明天就離開這個世界，我的人生也是圓滿的，因為我有妳，妳是我最特別的寶貝。」

這就是了。薇吉說出內心最純粹、最完整的真心話，讓凱莉感受到。如果你看見這對母女說出這番話後一起坐在位子上的模樣，就能清楚看出她們深刻而厚實的連結，在話語中展露無遺。她們淚眼婆娑的看著對方，沉浸在這一刻。從凱莉的表情來看，這無疑是一份送給她的珍貴禮物（影片請掃描第三〇二頁 QR Code）。

但是一直到幾年後，凱莉才感受到這份禮物完整的力量。我們拍攝這段對話的六年後，我收到凱莉的丈夫寄來的電子郵件：

我想聯絡你們，告知你們凱莉的母親薇吉上星期在我們家過世了。這幾個月非常煎熬，但是我必須告訴你們……凱莉今天想起了她與薇吉參與〈THE AND〉的經歷。她今天一直在看影片，沒有停過。我記得自己一直鼓勵她們接受訪談，我很高興這部影片記錄了她們的對話。

所以，我首先要感謝你們創造如此美妙的集體敘事，讓我悲慟無比的妻子，在觀看對話影片時得到些許慰藉。真的……很感謝你們。

因為失去母親而悲痛欲絕的凱莉，一次又一次的回到那個時刻，純粹的真心話與對話中流露的愛，讓她找到慰藉。在人生走到終點後還能持續下去的真心話，我們還能給予彼此比這更大的禮物嗎？

把當下視為結束

拍攝完《何謂美國》沒多久，我就開始幫忙製作梅根・L・歐哈拉（Meghan L. O'Hara）備受讚譽的紀錄片《我的抗癌歲月》（*The C Word*）。拍攝紀錄片時，我有幸認識已故的法國神經科學家暨抗癌革命家大衛・賽文—薛瑞柏（David Servan-Schreiber）醫生。當時，他已經戰勝癌症，之後更成為癌症治療和預防方面的代表人物。

但令人遺憾的是，在他初次診斷罹癌的二十年後，癌症又找上了他。離世前，大衛寫了《我們能說好多次再見》（*Not the Last Goodbye*）一書，在他生命的最後幾個月，只能以幾近耳語的微弱音量，口述寫下。這本書充滿無比寶貴的資訊和值得學習的智慧，但是我最大的收穫是大衛一針見血的忠告：**不要等到結束之時，才做想做的事或說想說的話，最好把當下視為結束**。

結束，鮮少在適當或恰好的時刻到來。等到結束之際才做想做的事可說是豪賭，一點都不值得，相較之下，將此時此刻視為結束帶來的唯一風險，就只有讓你在情緒上感到脆弱而已。

假如你在等人生給你一個恰當的時刻，讓你向所愛之人吐露心聲，你可能會錯失一次情感交流的機會，而這種交流總有一天會變得遙不可及。所以還在等什麼呢？把現在當作結束吧。向伴侶說出你最真實的心裡話，踏進這個你們掙來的時刻。

我就曾在等待一個正確的時機，告訴我生命中的人他們對我有多重要，但是很不幸的是，我因為沒有把當下視為結束而付出沉痛的代價。

二〇一一年四月，我在布魯克林一間咖啡廳寫作時得知這個消息：英國攝影記者，也是我的好友提姆・海瑟林頓（Tim Hetherington），在報導第一次利比亞內戰的時候，被迫擊砲彈碎片擊中而殉職，而他原定兩個月後要為入圍奧斯卡最佳紀錄片的作品《當代啟示錄》（*Restrepo*）走紅毯。

有好一陣子的時間，我只能無比震驚的坐在位子上。我的眼前一片模糊，視線終於重新聚焦在電腦螢幕上時，我看見為我和提姆合作的影片寫到一半的腳本。我一直在想著他，一直在撰寫我們花了好幾個小時討論的計畫，直到我休息時查看手機，才看見他的未婚妻打了無數通電話、傳了無數則訊息給我。

只要看見手機螢幕上充滿這種十萬火急的訊息，就知道鐵定出事了。我試著做好心理準備，但是當我回電給她，她告訴我發生什麼事後，我的心還是瞬間支離破碎。

我開始絞盡腦汁的回想，最後一次與他交談的場景，對彼此說的最後一句話。我腦中閃過我們共度的時光，還有說過的話。我翻遍手機尋找提姆傳給我的語音訊息，好聽聽他的聲音，但是什麼都沒找到。

我坐在咖啡廳裡，內心充滿所有我想對他說的話，但只能坐在原地，沉默的哀悼我的好友，那些話語盤繞在腦海中，而我一個字都無法說出去。我意識到我們的友誼成為一條不會再延長的線，只會慢慢的隨著時間枯萎，最後只存活在回憶中。

這是令人痛徹心扉的經驗，讓我鞏固了將當下視為結束的想法，那是我從此就立志實踐的事情。在你的人生中，你可以在那最後的時刻說出所有想說的話好幾遍。可以說好幾次再見、可以說好幾次我愛你，可以說真正重要的話非常非常多遍。不必等到結束的那一刻，也不應該等到那時候。

終點鮮少會大聲宣布自己的到來，而是會直接發生，到那時候就太晚了。不一定要等到發生特別或悲痛的事，因為發生悲痛的事之後，你或許就沒時間說出想說的話了。如果我們都把當下視為結束；如果我們都說出每段關係中最深刻的真心話；如果我們都成為所愛之人值得擁有的鏡子，我們身處的世界會變成什麼樣子呢？

人們通常都覺得，沒必要說出自己對伴侶最深刻的感受，覺得只要自己知道那些感受是什麼就好了。如果要表達，會選擇以非口頭的方式——微笑、碰觸或手勢，希望以此傳達這些強烈的情感。而這些方式通常都有用；我們確實可以一個字都不說，便成功的將深深的愛傳達給伴侶。

但是想想看：明明可以用話語表達那些感受，為何不直接說呢？雖然不一定要說出來，但是何不把情感轉化成文字呢？全世界最有才華的藝術家創作出公認的傑作後，或許就不必繼續作畫了。但是他有能力，所以他繼續將自己的才華作為禮物送給全世界。而你有能力給伴侶的禮物，就是讓他聽見你親口說出的深刻感激。所以為什麼不這麼做呢？如果一輩子只會親密接觸一千個人，為什麼不坦誠對待彼此、建立深刻的連結，在人性的洪流中激起正向的漣漪呢？

打從我在牛津大學（University of Oxford）學習哲學開始，德國哲學家路德維希．維根斯坦（Ludwig Wittgenstein）的名言就讓我印象特別深刻：「我的語言極限在哪裡，我的世界就到哪裡。」對維根斯坦而言，**語言就是對人類經驗了解的極限**。當對經驗的描述越細緻、越完整，這個經驗就越豐富。當你將話語中蘊藏的力量，用於描述生命經驗，會讓你的世界，及身邊的人變得更加鮮活。

「在這一輩子和未來每一輩子，我都愛你。」

——維多莉亞

◀ 維多莉亞 vs. 桑喬

「古拉家族的力量」
掃描以觀看完整對話（英文發音）。

你為什麼愛我？

Why do you love me ?

在日常生活中，我們有多常問這個問題呢？雖然答案藏在你與伴侶共享的每一個互動、每一個核心時刻中，我們卻鮮少明確的說出來。你愛著一個人，就表示你確信自己對他們的愛深植在你心中。但是你有停下腳步仔細檢視過嗎？你知道愛在那裡，但那份愛是什麼樣子呢？是什麼感覺呢？

你或許會發現，如果你一直問這個問題，一層層剝開這個親密關係，就會看見裡面埋藏的是說不清楚的親近感，不多也不少。這段對話給你的最後一份禮物是：第一，給你一個機會說出你深愛伴侶的原因和所有細微的感受，讓你們都得以意識到，兩人的連結中那與生俱來的神聖；第二，是給你們一個安靜的空間，讓你們意識到和讚嘆，那超越一切、我們稱之為「愛」的力量。

超越一切的訊息

在所有問題中，這似乎是最龐大的一題。在這場快要完成的對話中，意識到你與伴侶之間的連結是多麼深厚又複雜。現在要請你們將那個宇宙中的所有回憶、感受、挑戰、痛苦、堅韌和神聖提煉出來，轉化為文字。

每一次問出這個問題，經常會看到回答者必須先消化排山倒海而來的愛，才能開始試著總結自己對伴侶的感受。這絕對不是一件容易的事。所以，如果你發現這個問題比前幾題更有挑戰性，那麼別擔心，不是只有你這麼覺得。但別忘了，前面十一個問題已經給了大量的練習，讓你學會表達情感，從誠實的角度開口。儘管這個問題感覺很龐大，還是盡可能說出自己深愛伴侶的原因。這在各個方面對他們而言，都是無價之寶。

我認為告訴伴侶你愛他的原因，這份禮物所蘊含的重要性，會超越你們的對話、關係，甚至是所謂的生命本身。我由衷認為人類來到世上的原因，就是向彼此學習，我們都是被選中脫離無限世界的靈魂，為的是追求只存在於有限世界中的知識。大部分的知識，是來自我們與其他同樣展開探索的靈魂之間充滿愛的連結，而那其他的靈魂，就是我在《何謂美國》中訪問的廣島倖存者所說的一千個人。

如同剛開始練習時那樣，看向對方的雙眼，如此簡單的動作，相當於瞥見我們來自，也終將歸去的無限世界——那個世界完全由愛構成，因此我們的靈魂在那裡根本無法區分什麼是愛。他們必須來到一個愛很特別、很寶貴的地方，而且與這個世界的疏離形成對比，才能夠好好的體驗愛。因此，向伴侶解釋我們為什麼愛他們，會讓他們無限的靈魂距離完成在這世上的任務更近一步。挺身而出面對伴隨這個問題而來的挑戰，其實是其中一種最深刻的實際行動。

我們真正想聽的話

儘管回答擁有強烈力量，我們卻鮮少詢問伴侶，甚至鮮少詢問自己這個問題。這通常是出現在吵架或分手時，那時已因一些傷痛而感到不快，因此是從不愉快的視角看待這段感情。在那種情況下，為了合理化自己感受到的痛苦，問題隱含的意義就會包括「我為什麼這麼投入這段感情？」或是「我從這段感情中得到什麼？」。

這就是為什麼一定要為這些問題創造一個專門的空間。

如果不先設定一個框架，並從字面上去理解和回答這個問題，就很難得到最純粹的答案。由於已經在對話中，從各個角度檢視了你們的連結，並且花了很多時間在安全的空間裡探索這段關係，讓你們都能夠自由的展現情感上的脆弱，在此時此刻問出這個問題，就有機會真正聽見伴侶愛你的原因。這是以清晰的目光和開放的心胸全面檢視這段關係後，說出來的原因。這不就是你們最想聽的話嗎？

先前在第八問（你希望我們經歷的哪件事情從未發生過？）看到，儘管曾因為多年的牢獄之災而遭受挑戰，洛克和瑪瑟拉的感情依然堅定，而現在要來看看全面檢視這段感情後，能從這個問題綻放出多麼獨特又有張力的回答。

洛克向瑪瑟拉問出這個問題時，她睜大眼睛，因為感受到自己對洛克濃烈的愛排山倒海而來，而微微顫抖著吁了一口氣。她沒有花太多時間，就將那龐大的情緒濃縮成鑽石一般的真心話：「你讓我變得完整，」她說：「你讓我成為更好的女人。」

洛克則花了點時間沉浸在這一刻，才說出自己的回答。「我為什麼愛妳？」他開始說：「十八年半來進進出出監獄這麼多次，我已經三十六歲，快三十七歲了。從我十三歲第一次開始坐牢起，就在思考我希望這輩子能擁有什麼。」他意味深長的深深吸一口氣，然後吐出來。「我現在擁有了這輩子渴望的一切。妳幫助我完成每一件我知道自己得完成的事，所以我沒有再回到牢裡，沒有再回到街頭。」

「所以我讓你變得更好嗎？」瑪瑟拉苦笑著問他。

「妳讓我對正義的理解圓滿了。」洛克回道，可以從瑪瑟拉眼中看出，他們一起經歷這麼多之後，這一番話帶給她的寬慰、驕傲、力量和理解（影片請掃描第三〇二頁QR Code）。

問到這個問題時，參與者脫口而出「我就是愛」是很常見的情況。

在某些情況下，這種反應也是文化口號在作祟。我們被教導愛就是……愛，只是一種感受，太神祕、無所不包又沒有條件，因此無法以言語表達。我從來都不了解什麼是無條件的愛，直到我的兒子出生。我對兒子的愛不是選擇，而是一件永遠無法從我身上奪走或改變的事。

但是我們都選擇愛自己的伴侶，這其中有著特別的美麗之處。試著想想你為什麼做出這個選擇，就能以忠於自己的方式回答這個問題，而不只是引述一句文化口號。

誠如洛克和瑪瑟拉的例子，我們其實可以用文字描述似乎無法描述的事情。不過，這並不總是能達成，甚至不總是有必要。在你能夠或無法找到用來示愛的文字底下，埋藏的是最純粹的感受，而不論你多麼專精於情緒表達的技巧，都無法將那最純粹的感受轉化為文字。

唯一的表達方式是透過深層、連結彼此的沉默時刻，讓那個感受在你心中閃閃發光。將這個時刻濃縮而成的文字，或許就是那同樣的一句「我就是愛」。但如果你真正深入自己的情緒，如果你將愛的感覺召喚到這個空間裡，並且與伴侶一同沉浸其中，「我就是愛」就不再是一句文化口號，而是誠實的表達你的心裡話，相信我，你們一定都能感受到其中的差異。

我想再讓你們見識一下這個時刻，這次要看的是拉法和道格拉斯，我們在本書提到的第一對伴侶。

「你為什麼愛我？」拉法問道。

道格拉斯回答之前，先花了一點時間讓自己對拉法的感受浮上心頭。他點了點頭幾次，與這些感受產生連結。因為他已經在對話中完整探索了這些感受，所有感受都近在咫尺，他沒有花太多時間就沉浸在那些感受中。

道格拉斯回答：「沒有原因或一件事可以解釋，這就是為什麼這份愛如此寶貴。就只是——我就是愛你……就是這樣。我愛你，而這份愛很深刻……就是因為愛。」

如果這番話是出自其他人之口，一個沒有在開口前最關鍵的時刻沉浸於感受中的人，同樣的一番話就會淪為文化口號。兩者在文字上看似沒有差別，但是如果你看了他們的對話過程，在對話尾聲兩人產生連結的沉默中，在那神聖的時刻看見道格拉斯眼中熠熠閃耀的光彩，還有拉法落下的眼淚，你就會明白我的意思。

他們坐在那裡很長一段時間，不發一語，只是望著彼此黑色的瞳孔。他們剛坐下來展開對話時做的事情，又發生了一次：兩人沉默的對坐著，望著對方的雙眼。但是這次的沉默不一樣了。某件雖然看不見卻千真萬確的事情改變、成長、鞏固了。他們望著伴侶的瞳孔時，究竟看見了什麼呢？那個無限世界？自己靈魂的倒影？或是他們選擇共享真正親密之美的人，投來的那充滿愛意的目光？

他們四目相對好一陣子。

然後，就在他們結束這段對話，同時為這段感情開啟新篇章的時刻，拉法對丈夫柔聲說道：「同感。」（影片請掃描第三〇二頁 QR Code）

「我愛你的原因沒有盡頭。」

——伊恰克

◀ 伊恰克 vs. 托帕茲

「如果我死了，你會崩潰嗎？」
本書作者與父親的對話，掃描以觀看完整對話（英文發音）。

第三部

對話結束了，接下來呢？

如果在對話過程中，情況失控該怎麼辦？該如何讓一切回歸正軌？

01 所有答案都會隨時間改變

展開深度又坦誠的對話會是個挑戰，尤其是在雙方都沒有經過太多練習的情況下進行親密對話。但假如你仍在掙扎著尋找理由，或對於展開對話感到緊張，那也沒關係。我有一些方法，可以輕鬆解決引導展開對話時，經常伴隨而來的問題和疑慮。如果你和伴侶遇到瓶頸，我也有一些妙招可以幫助你們回到正軌。

一般原則

一、不要帶著期望或立場展開這次談話

這次對話的目標就是展開對話，僅此而已。

對話不一定要改變你們的生活，不一定要感受深刻，最重要的是，不一定要解決任何問題。展開對話後或許會發生上述這些事或得到更多收穫，**但是如果在一開始就想著結果，那這段對話就注定會以失敗收場**。

一想到進行對話會幫助你，在更深刻和親密的層次上與伴侶連結，你或許會產生一些情緒反應。也許感覺很有趣或刺激，或是覺得像一場挑戰，讓你更了解自己、伴侶和你們的關係。或許會讓你更留意周遭的世界？這樣更好。但我也大膽猜測，在你心中產生情緒反應後，大腦也開始產生想法，並且興奮的悄悄問你：你能從對話中得到什麼？

所以，你或許會開始思考，這次對話會如何具體的改善你的感情關係，你和伴侶的互動會產生哪些改變。這能不能解決那個一直出現在你們之間的問題，那個老是引起爭執的分歧點呢？又或許，你會開始幻想這次對話會是個改變人生、強而有力的體驗，這會成為你和伴侶往後幾年無比珍惜的回憶。

這些都很正常。我不會因為這種想法就指責你們，假如這些想法成為必要的動機，讓你們決定實際展開這本書引導的對話，那樣就太好了。不過，做出決定後，就一定要忘掉這些想法。

展開對話後，那些經過深思熟慮的事、希望得到結果的想法，或是絞盡腦汁想出來的動機，通通都要拋到九霄雲外。忘掉所有期待，專注於一開始讓你想展開對話的因素：打從心底綻放的興奮感及好奇心。

這場對話，不是為了連結兩人的腦袋，是為了連結兩個人而展開。大腦在日常生活中已經說了夠多話，這次對話是一個機會，讓你的心站上舞臺中央，完整發表自己的看法。

開始問答後，就盡可能仰賴深度傾聽——沉入你的身體，信任那些本能產生的感受，之後再開始醞釀回答，確保對話時時刻刻跟著心靈的引導，而不是遵循頭腦預先想好的呆板立場。

頭腦是用來保護你的，而心靈是用來連結的。

你可以利用這個機會訓練自己，聽見心的聲音。假如你心懷立場展開這次體驗，那麼就聽不見心的聲音了，因為你會忙著思考而非感受，只會說出頭腦精心計算過的話語。

二、按照十二個問題的順序

我由衷希望，透過這本書引導後，會讓你從此展開更多場親密對話，且每次對話都是由經過深思熟慮、強而有力的問題構成，每一次都截然不同。也許你會藉由玩｛THE AND｝卡牌遊戲，或是｛THE AND｝應用程式來定期展開對話；也許你和伴侶很擅長自己設計更好的問題，從此再也不需要指引，就能投入這樣的對話。

但強烈建議各位不要打亂問題的順序，這十二個問題的順序是經過精心安排的。如你所見，問題的作用是先喚起往日時光，建立親密關係和連結的基礎，再進入當下的快樂與挑戰。探索完成後，接下來的問題是要你抱持剛剛檢視這段關係的全面視角，思考你們的未來，最後在純粹連結彼此的氛圍中，結束對話。

因此最好一口氣進行完整的對話，才能在追求深度親密關係的旅程上，體驗這些重要的時刻。假如在其他時間點詢問特定的幾個問題，尤其在沒有先創造安全空間的情況下發問，恐有造成問題之虞。不過，只要遵循本書中所列的問題順序，就能確保你們準備好面對可能遭遇的情緒困擾，並且創造出空間安撫對話後的情緒。

如果對話進入了沉重或黑暗的氛圍，我會鼓勵你們溫柔的繼續按照問題的順序進行下去。你們可以放心，因為問題都經過精心設計，可以帶你們走出幽暗森林並回到家。繼續往前進，清楚目標、充滿同理心和同情心，慢慢的往前進，就會一起抵達。

三、別忘了放慢腳步

確保你和伴侶為這次對話預留了充足的時間，你們就不會覺得太倉促，而且想要進行得多慢都沒問題。倉促的發問只會得到淺嘗即止的回覆，沒有時間讓每個問題綻放出充滿深度，有時甚至出人意料的討論。回答引導出的討論，即使看似沒什麼關聯性，通常也遠比直截了當的答案來得重要。

別忘了，我們的宗旨就是不要太專注在答案上。所以，若你和伴侶的回答似乎正要挖掘出更大的謎團，就千萬不要為了前進到下一題而隨意回答。需要挖得多深就挖多深，多花一點時間把手弄髒。讓對話往想去的地方前進，讓來自你體內的聲音引導你。讓新的問題，從這十二個問題的回答中迸出來。要記得，每一個問題的分量都不一樣，所以請盡可能謹慎思考如何組織後續的問題。完整、全面的詢問和回答每一個問題，創造安全的空間，讓深度傾聽和情緒表達以自己的步調翩翩起舞。慢慢來。

如果對話過程太痛苦？

一直強調務必慢慢進行，而假如對話的氛圍變得尖銳，或者緊張的情勢白熱化，就更加需要放慢步調。

顯露出痛苦或產生衝突時，我們會本能的想加快速度，試著逃離痛苦、奔向舒適的環境，或者盡可能快速說完自己要說的話。小心這些陷阱，記得深深吸一口氣，然後放慢腳步，才能把陷阱一一擊破。

假如你感受到逃離脆弱處境的本能，就試著想想第七個問題：「你希望能幫我治癒什麼傷痛？」在安全且得到支持的情況下探索痛苦，可以幫助你治癒痛苦。忽視不管的痛苦還是會疼。雖然治療任何一種痛苦都會令人不舒服，但是唯有如此我們才能真正解脫，繼續往前進。

所以，接受情感上的痛苦吧！治癒痛苦，快樂才能扎根。邀請痛苦與你喝一杯茶，讓痛苦發表自己的心聲後，再進入下一個問題，而且別忘了，這十二個問題很快便會自然引導你回到更愉快的情緒中。

解決衝突之道

假如你們產生了衝突，而且你可以感受到衝突逐漸白熱化，對話的步調也越來越倉促時，我有三個技巧可以提供不少幫助。

一、創造性傾聽

創造性傾聽（Creative Listening），是我的好友也是軟體開發領袖人物理查・崔普（Richard Tripp）發明的詞彙。

崔普非常能言善道又充滿創造力，他扮演關鍵角色推動開發先驅技術，改善軟體開發員和企業領袖（經常處於衝突狀態的族群）之間的溝通。崔普教導的創造性傾聽是一個簡單又可靠的方法，可以將對話的能量轉向建立共同的目標，方法是單純的聆聽彼此，不回應、甚至不去理解，而是幫助彼此表達當下理解的事情。

運作方式是這樣的：為了確保你確實聽進對方說的話，也為了讓對方知道這件事，在回答之前，必須先複述一次對於發言者說的話有什麼理解。可以說：「回到剛剛說的話」或「我想你說的是……」。

如此一來，對方就知道你在傾聽，且試著理解，相較於我們溝通時經常採用的「聆聽並回答」模式，這算是個令人耳目一新的替代做法。與人爭執的原因往往與對錯無關，而只是單純因為想被聽見。所以發言者總結自己的觀點後，在回答之前，先重複一次聽到的內容。

現在對方有三個選擇。第一是說：「對，我就是那樣說的。」這個情況是發言者在心理上放鬆了，因為知道對方聽見自己說的話。所以隨著對話的進行，雙方都會覺得自己在同一陣線、想法一致，可以一起釐清頭緒。

發言者的第二個選擇是說：「不，我不是那個意思。」你有多少次在對話過程中，看到聆聽者插嘴說道「是這樣的」，或試著延伸你剛剛說的話，說了半天卻與你的發言八竿子打不著。

而文化規範卻會驅使我們說「對，算是吧」，而不是反駁對方、暫停對話、澄清觀點。我自己就是這樣，尤其是年輕時。但這是個至關重要的十字路口，讓聆聽者重述一次自己聽見的內容，可以確保他們理解你，理解你試著闡釋的觀點。

你可以將創造性聆聽視為一種用言語幫助思考的方式，只是不是向對方主張自己的觀點，而是協助彼此表達當下理解的事情。所以要保持一來一往的互動，發言者提出自己的想法，聆聽者複述一次，直到發言者認為對方確實聽見自己的觀點。

這不一定表示你同意對方說的話，而是表示在對話的過程中，首要目標是有共同的理解，參與者雙方都有能力說明和改進自己的觀點，直到他們覺得已經清楚表達想法，也得到對方的理解。試試看這個做法，你會很驚訝的發現，當身體認為自己的聲音被聽見時，會產生什麼反應。

所以要一來一往的互動，直到發言者說：「對，我就是那個意思。」或者出現第三個選項。發言者聽見自己的言論藉由對方之口說出來後，就能夠從全新的觀點看待自己說過的話。會聽見同一番話以全新的措辭傳回自己耳中，或許會和自己原先的說法有所出入，或者增加更多細節。他們現在便有權說：「對，那是我說的話，但是我重聽了一次後，發現我已經不這麼想了。」這種情況發生很多次，只是我們不願承認罷了。從別人口中聽見我們自己的想法，會讓我們抽離，如此一來，比起拚命解釋，更能謹慎的檢視那個想法。

覺得自己沒有被聽見的時候會封閉自我，開始混淆想被聽見的渴望與想尋求正確的渴望。但是你一旦被聽見了，這個空間就會敞開，讓你看看自己的論點是否還站得住腳，甚至在從別人口中聽見你的論點後，就決定改變自己的立場。創造這樣的空間，正是創造性傾聽的作用。不論是工作，還是與伴侶在家的時候，只要我感覺自己變得緊繃，想要控制所有事情，想要加速或快要發生衝突，我就會立刻利用創造性傾聽的技巧。

二、**實行硬性規定**

這是我父親伊恰克．艾迪吉博士，也是變革管理理論的先驅者，在研究和實際衡量文化變革時，經常使用的小而有力的工具。作為他的兒子，我和弟弟吵得不可開交時，經常使用這一招。

硬性規定非常有幫助，可以立即踩下剎車，創造一個所有人都能完整被聽見的空間。畢竟，如果你們一直為了讓自己被聽見而打斷對方、提高音量，是很難讓對話進行下去的。假設發生這種情況，最好喊出「硬性規定」，提醒他人，除非發言者叫了你的名字，不然誰都不能說話，彷彿你們眼前有一根發言權杖。只有當現在的發言者點名下一個人，清楚表示自己說完話之後，下一個人才能開始發言。

如果是在大團體中進行對話，發言者會看向右邊。接下來想發言的人就舉手，而發言者會點最靠近他右手邊的舉手者發言。在一對一的對話中，下一個說話的人是誰很明顯，但是在團體中，就是向右進行。這個方法應用在腦力激盪會議，或是團隊處理有爭議的議題時特別有效。所以，如果你發現自己無法慢下來，那麼採用硬性規定將能緩和激烈的氛圍，創造出讓所有人都能被聽見的空間。

三、**確實關閉這個空間**

只要有一方想要停止對話，不論是因為太痛苦而無法繼續，或是單純因為時間到了，都務必要確實關上展開這次對話時打開的空間。不要在不適的感覺或衝突開始變得令人喘不過氣時，旋即結束這場對話。

正確的做法是不論進行到哪一個階段，都先停下來，深呼吸，然後跳到第十一和第十二個問題。確實詢問和回答最後兩個問題，不論對話進展如何，都可以在連結彼此的氣氛中關閉這個空間。

覺得伴侶沒有很投入？

其中一方對展開對話感到興奮，另一方卻沒有同樣的感受，這是十分常見的情況。可能會認為這只是浪費時間的小事，或是害怕主動參與任何可能導致他們感到脆弱的事情。假如那聽起來像是在形容你的伴侶，而你對於這場對話又興致勃勃，那麼在你邀請他一起展開這次體驗時，一定要溫柔又充滿同理心。如果有個對方不想回答的問題，不論理由為何，都要提醒他擁有跳過問題的權利。向他保證這場對話不一定要得出什麼特定結果，不論發生什麼事，最重要的就是擁有這次體驗。

假設你的伴侶仍然猶豫不決，不知道該不該與你展開對話，我建議你安排一個時間，坐下來好好告訴他，一起玩這個遊戲對你而言有多重要。如果表達自己真心想進行這次體驗後，對方仍然拒絕你，或許就該好好思考一下你們這段關係。

這或許不是第一次，你想與伴侶分享某件重要的事時，他卻不肯與你一起。這件事本身就能展開一場有建樹的對話。畢竟你無法強迫伴侶跟你一起展開這場體驗。若不是雙方都很明白且有意願，就沒辦法達到這些問題的目的，培養出親密的連結。

如果雙方都同意展開對話，你卻覺得伴侶沒有如你一般投入對話的情緒，或者表現不合預期，那就先往後退一步，給伴侶一點做自己的空間。你會產生這樣的感覺，可能單純是因為他情緒表達的技巧不像你那麼好，而正如先前所提到的，那需要經過練習。每個人溝通的方式都不甚相同，那或許就不是你的伴侶溝通的方式。他或許是以其他方式傳達自己的情緒。

雖然這是你們兩人共享的體驗，但是沒有規定任何人該怎麼做，唯一正確的做法就是專注在對話的當下。不要懷抱太強烈的期待，而是讓對話自然開展。如果對話結束後，你覺得並沒有達到你想要的情感深度，請記得，完美本來就不存在。我們甚至不是在追求正確的方式，只是在練習踏入兩人之間的空間，探索你們之間的一切。你隨時都可以再試一次，而唯一可以確定的是，每一次對話都是截然不同的，每一次都會有新發現。

對話結束，接下來……

如果情況真的糟到不行呢？如果對話結束後，你發現自己與伴侶之間的連結不如你想像中牢固，甚至完全無法維持下去，該怎麼辦呢？或許對方拒絕聽你的真心話；或是你發現自己一開始感受到的火花轉瞬即逝，已經消失了；或許，你發現你們在兩條南轅北轍的人生軌道上。又或者你第一次意識到，坐在你對面這個人就是個徹頭徹尾、實實在在的混帳，和他沒什麼好說了。確實會發生這種事。

然後呢？如果這場對話導致你和伴侶分手呢？

我不會騙你——確實有這個可能。我看過不只一次。我記得有一次在比利時演講時，另一名講者在我上臺前來找我。

「嘿，托帕茲，」他沒怎麼寒暄就切入正題：「你的卡牌毀了我的婚姻！」

人們經常刻意忽略與伴侶沒有共鳴，或者逐漸失去共鳴的事實，這是稀鬆平常的事。那些不和諧的音調確實不怎麼好聽，所以我們不會去聽，而是全部阻擋在外。或許因為自己投入太多心力在這段感情中，所以寧可忽略不和諧的聲音，也不願意承認自己與伴侶已不再琴瑟和鳴。更糟糕的是不願面對現實——尋找共鳴的意願已經消失殆盡。

要這樣度過餘生嗎？將不再完全享受的歌曲調得小聲一點？利用在世上短暫的時間，完全沉浸於美妙的交響樂中，把音量開到最大聲，這樣不是好多了嗎？

我已經說了不少遍放慢腳步、面對不自在、不要倉促進行下一步有多重要。我想這些建議在多數情況下都很實用，尤其是積極投入我引導你們展開的對話時。但是每一個規則都有例外，有時候，繼續待在痛苦的環境中是沒有益處的，甚至會導致自我毀滅；有時候，趁早走進人生的下一個篇章會是最理想的做法。

我還沒說完在那場比利時會議上，另一位講者對我說的話。沒錯，他確實說了我毀了他多年的婚姻，但是你知道他接下來說什麼嗎？他說：「謝謝你，那幫助我找到了現在的對象。我現在快樂多了。」我能從他的眼神看出他句句屬實。

假如這場對話結束了你的感情，那樣很棒。你在當下會覺得很棒嗎？恐怕多半是不會的。但是就個人層面來說，人生中最寶貴的資源不就是時間嗎？如果這場對話幫助你更快結束一段不和諧的關係，不就距離找到下一個伴侶更近一步，不就能更快學到對方和宇宙準備教導你的新事物嗎？

正如我們一次又一次見證的，打造一段健康關係的其中一個關鍵，就是面對人生中不可避免的挑戰和改變時的應對能力。如果這場對話就是其中一個挑戰，而你們無力應對，我覺得那本身就是十分寶貴的訊息。如果你發現你們的船四處漏水，再也承受不住驚濤駭浪，不是應該把時間花在尋找一艘新的船上嗎？

你可以多花幾個月，甚至幾年的時間，拚命將滲進船裡的水舀出去，讓自己身心俱疲。但你真的想要這樣嗎？時間應該花在這種事上面嗎？有些縫隙一旦發現了，就能馬上補好。但如果不打算保養、修補這艘船，這對船的壽命而言可不是好事。

儘管如此，從統計上而言，比起將你從伴侶身邊推開，這場對話更有可能讓你們更加親近。在這好幾百對參與問答的伴侶中，絕大多數人的親密關係都變得更加深厚，遠遠超過以前。不只熬過風暴的能力提升，也更能看清楚風暴想教導他們的道理。他們的意識也有所提升，能夠察覺每一天從伴侶身上學到的事物。除此之外，每個人都玩得很愉快。他們一起哈哈大笑，就算哭了，也是流下感激的淚水。

如果你利用這些工具，倘佯在這次踏入兩人空間的體驗中，這將是最有可能得到的結果。但是別就此打住。即使這十二個問題帶給你超出想像的好體驗，我還是鼓勵你們反覆展開這樣的對話。因為答案會改變，溝通技巧會越來越進步，你與伴侶的連結則會越來越牢固。回答完最後一個問題，並不是結束。事實上，你們應該會發現恰恰相反。

02 除了這十二問，你可以發展你自己的

幾年前，我提著裝滿攝影器材的包包，前往科羅拉多州的西坡（Western Slope）地區，去一個住滿農夫、牧場主和真正牛仔的社區拍攝影片。正如我每一次到世界各地收集影像的冒險之旅，我完全不知道會在那裡看見什麼。牛群？可能吧。美麗的山脈？希望是。漫天塵土？很有可能。但是除此之外，我的期望就是一張空白畫布。

而我在那裡的拍攝經驗，可說是人生中最充實、最有教育意義的時光。我在海拔一萬英里（約三千多公尺）、長滿白楊木的山脈上學到的事情，十分符合這個住滿牛仔的環境——關於責任、紀律，以及如何將健康、積極又陽剛的能量，帶進我的生活中。然而，我在科羅拉多州最寶貴的收穫，是我從沒想過會在牛群、美麗山脈和漫天

塵土之中學會的，但確實在那裡得到豐富的收穫：婚姻成功的祕訣。

在拍攝期間三生有幸認識卡爾（Carl）和喬艾塔（Joetta），一對定居在西坡的牧場主夫妻。打從認識他們的第一刻起，兩人之間的連結，還有他們每一天每一刻展現的親密度，都讓我大開眼界。

我跟他們相處了很久，看見他們經歷各式各樣的情境，從平凡到溫馨到緊繃都有。而兩人之間的親密，那彷彿有形的愛的繩索，一直存在於兩人之間，永遠都那麼令人著迷。經歷這些時光後，我不得不問：祕訣是什麼？如何培養出這樣一段，連在陌生人眼中都顯得如此朝氣蓬勃的感情？

他們慷慨大方又樂於助人，因此告訴了我祕訣為何，而那個我以為深奧無比的祕訣，可以說幾乎簡單得不可思議。一星期內至少五個晚上，卡爾和喬艾塔都會留一小時的時間，他們會為彼此倒一杯酒，泡進後院的熱水浴缸，凝望遠方的洛磯山脈，談論自己的生活和正在經歷的事情。他們會分享自己的旅程，不論是兩人共同還是各自的人生旅程，最後這件事才是最重要的。

熱水浴缸、美酒、山脈——這些都很棒，但都不是祕訣，真正的祕訣在於卡爾和喬艾塔**刻意、專心且固定保留一段時間給彼此**，**藉由開放和坦誠的對話**，**積極的經營兩人之間的連結**。從他們看著彼此的眼神、不同意對方、相互尊重的樣子中，我能看見這項傳統帶來的豐厚收穫。那深層而充沛的愛是如此顯而易見，凡是跟他們相處過的人都能看出來。

為什麼要提到他們呢？是要直接從他們的對話中舉出問題的範例，讓你詢問伴侶嗎？我是想推銷熱水浴缸給你們，或遊說你們成為品酒俱樂部會員嗎？

當然不是。就像是卡爾和喬艾塔的連結，其特別之處並不在於美景和按摩浴缸，我敢說他們的祕訣也不在於談話內容。真正讓這段感情如此穩固的原因，是實際展開關於這段感情的對話，是他們定期懷抱著愉悅和熱情維護感情的方式。而我一再強調，將這種健康的習慣帶進你們的關係中，會多麼有幫助。所以，簡單來說就是善用約會之夜。不論是一週一次或一週五次都好，把約會之夜變成習慣吧。

本書引導的對話，不是讓你只做一次就拋到腦後。建立親密連結需要練習和實踐。只要覺得有需要，就隨時回來進行問答，走過問題引導你們走上的旅程。回答會改變，而越常思考這些強而有力的問題，你與伴侶的連結就會變得越深厚；我鼓勵你跳脫本書，借助你學到的工具，打造更好的問題，擴充你的問題庫。這些問題不只對你的親密關係有益，更有助於你與生命中每個人所建立的連結。讓這本書成為起點，讓你開始用更好的問題加深與所有人，甚至是與自己的關係。

為自己打造更好的問題

現在回到起點，好幾頁之前的地方。請你想像早上剛起床的時刻，專注於在那睡眼惺忪的幾分鐘內浮現腦中的想法，想想看那每一個想法，其實都是回答你在無意中問了自己的問題。如果我們一直問自己問題，讓問題更有質感、更全面周到，豈不是會為我們的生活增加更多價值、意義、目標和快樂嗎？如果是更龐大的問題，只要以幾個簡單的方式加強，就能大幅提升生活的品質。

只要有意識的詢問自己為了提升生活品質、加深對自己理解而設計的問題，你的決策、內省和個人發展過程都會變得更簡單，而且越貼近你的本質。

假如你想打造詢問自己的問題，我們得考量三個部分。**第一是時間範圍，第二是問題如何影響你，第三是問題如何影響他人。**

・將無限變成有限

當問題過於龐大時，第一個建議是**先訂下一個清楚、明確且有限的時間範圍**。要做出重大決定時，很容易陷入一個陷阱，就是覺得那個決定永遠不會變。但是別忘了，所有事情都會變。我們能決定的事情中，沒有幾件是能永久持續的，而為你詢問自己的問題訂定時間範圍，就是認可了這項宇宙的基本原則，也會大大減輕做決定時承受的壓力。

現在來回顧一下，我和伴侶在人生重大時刻詢問自己的問題。當時正在釐清理想中的家庭環境應該具備的條件，因為我們有了第二個孩子後，需要滿足的條件勢必會增加。所以我們問自己：我們想住在哪裡？但是如同先前說過的，這個問題無法提供明確的答案。所以問題變成：我們想在哪裡住到明年寶寶六個月大的時候，哪個地方能支持我們創造適合養育幼兒又充滿愛的環境，同時啟發我們為彼此付出更多？

這個問題首先改變的用詞是什麼？

……住到明年寶寶六個月大的時候……

這是第一塊拼圖，放到正確的位置之後，讓我們能更輕易的做出決定。我們不是在為下半輩子做打算，試著找出想永遠安定下來，扎根之後再也不離開的地方。只是要想想明年想住在哪裡，僅此而已，而這讓我們的內心更容易接受。

・讓你的感受引導你

如果繼續分析進階版的問題，就要談談最後一句「同時啟發我們為彼此付出更多？」這句話點出了，答案會如何直接影響我們的感受。

尋找新家時，我們開始思考自己希望在那裡產生什麼感受。經過一番反思後，我們認為自己想要受到啟發，而且想要盡情展現自己最有愛的模樣。如同時間限制一樣，這也能縮減選項，讓你們更容易找到答案。除此之外，這也能幫助我們專注於對一個家真正的期許。詢問更好的問題能提供幫助，而我們想住在哪裡？這樣的問題永遠做不到這一點。

・考量連鎖反應

我們在問題中做的最後一個改變，可以引導我們找到令人自在的家：支持我們創造適合養育幼兒又充滿愛的環境。

我們必須明白，這個問題的答案不會只影響個人。正如人生中做出的所有決定，都會影響身邊的所有人。希望那個地方本身帶給家庭養分，而這正是為自己打造更好的問題時，要考量的最後一個面向：考量答案對周遭的人產生的連鎖反應。

發展自己的問題

這些墊腳石不只能幫助你從零開始打造由自己主導的問題，還能因應需求塑造問題，看看最後出現哪些可能性。這樣的問題讓你更有主控權、更有熱忱，而且最重要的是，會讓你得到能動性。接下來，看看幾個例子吧。

首先是「我應該找什麼工作？」。

這是很多人會問自己的問題，不論是尋找第一份或下一份工作。這個問題，顯然還有進步空間。首先是時間範圍，也許可以改成「我在職涯的下一個篇章中，應該尋找什麼樣的工作？」這能減少一些壓力，因為只是下一個篇章，僅此而已。

現在融入打造更好的問題所需的第二個元素：你有什麼感受。

可以把問題改成：「什麼樣的工作，能在我職涯的下一個篇章啟發我？」或許你會覺得以下幾個選擇更適合：「我在職涯的下一個篇章中，對什麼事最有熱忱？在我職涯的下一個篇章中，什麼樣的工作最能令我感到興奮？在我職涯的下一個篇章中，什麼樣的工作令我卻步但又令我感到興奮？在我職涯的下一個篇章中，什麼樣的工作會是我最大的挑戰？在我職涯的下一步中，什麼樣的工作最能幫助我達成目標？」可以填入不同的形容詞和想法，描述可能對那份工作產生的感受，或那份工作可能會如何影響你。

現在再加入一個層次，考量這會如何影響身邊的人。

比如，可以把「什麼樣的工作，能在我職涯的下一個篇章啟發我？」，改為「什麼樣的工作能在我職涯的下一個篇章啟發我（後面可自行填入，例如：為這個產業做出最多貢獻、在這個煎熬的時刻支持家人，或是啟發他人跟我一樣，解決我認為此時需要處理的最大挑戰）」。

不論填入什麼，都可以看出在問題中加入這三個元素後，就會浮現不同的可能性。你的心智擁有不可思議的尋找答案能力，所以一定要給出最棒的問題讓其解答。

另一個例子是：「我為什麼沒擁有自己想要的身材？」想必你已經看出來，這個問題的構成方式會帶你走上一條麻煩路。你只會從這個問題中得到負面的答案。所以不要只問「我為什麼沒有自己想要的身材？」可以加上時間範圍：「我在接下來三個星期，可以做什麼讓自己身材變好？」加上可以做什麼之後，表示你準備展開行動，就會讓問題變得正面。而且你給自己一個可以接受的時間範圍，在接下來的三個星期付諸實行這個想法。

再繼續改進，給予問題深度。「身材變好」究竟是什麼意思？太籠統了。現在仔細想想這讓你產生什麼感受：「我在接下來三個星期可以做什麼，讓自己覺得更有活力和幹勁？」你現在是要求自己在一個時間範圍內，想出讓自己更有主控權的解決方式和想法，而且你很清楚，答案將會如何影響你。

現在要加上第三個層次，也就是這會如何影響其他人。於是問題會變成：「我在接下來三個星期可以做什麼，讓自己覺得更有活力和幹勁，好讓我跟孩子玩耍時更投入？」或是……「好讓我能帶孩子出門健行三小時？」如此一來，比起原本的問題，現在能得到更具體、更啟發人心的答案。這個問題讓你更有主控權，也因為設定了時間範圍而更容易達成，還連結了你與其他人，對他們產生正面的影響。

再來看看另一個問題：「我該如何從這件事中恢復過來？」

如果遇到非常糟糕的事，或許會問自己這個問題。何不把這個問題變成：「對一年後的我而言，心理和情緒健康是什麼感覺？」如此一來，就清楚定義了「恢復過來」的意思，也就是指情緒和心理健康，而且確立了時間範圍。我們可以挖掘得更深。假設我們想回答「那樣的心理和情緒健康實際上是什麼感覺？」那何不將問題改成「對一年後的我而言，滿足和愉悅是什麼感覺？」看到了嗎？光是改變讓你產生感受的事物，就能引導你到另一個方向。

現在再加上對其他人的影響，問題就變成了「對一年後的我而言，讓我感到滿足和愉悅，因而能以正面的方式支持我所愛的人，是什麼感覺？」或是「我該如何得到滿足和愉悅，讓一年之後的我可以向其他經歷類似磨難的人分享經驗？」

給予問題時間範圍之後，會讓問題變得具體且更容易面對。釐清這件事給我們的感覺以及會如何影響他人後，就會知道可能的回答，也給了我們堅持下去的動力。

我們的目的是運用和探索問題中的這三個面向。繼續用不同的選項替換問題中的三個面向，看看怎樣感覺最好。問題會帶領你到什麼地方？是否覺得比以往更有權力、更有能動性、更有能力呢？我所謂的別再尋找答案，打造更好的問題，就是這個意思。運用更多創意打造問題，就能找到更強而有力、讓你更有主控權的答案。

一切的重點

詢問自己更好的問題，不僅能讓你更輕易的找到答案，還能夠從根本上改變你對人生的體驗，還有對周遭世界的觀點和對世間萬物的理解。

決定會影響你的感受，當你逐漸意識到這件事，並將這個考量納入問題後，就能清楚看見在邁向圓滿、成長、拓展和深化的漫長人生旅途上，哪些事對你有用、哪些沒用。也會讓你在建立人生的意義時，擁有更多能動性。

問問題時將身邊的人納入考量，會讓你自然看見，身為住在同一個星球上的同一物種，所有人類共享的連結。此外，持續提醒自己時間是寶貴而有限的，可以時時提醒你萬物皆有盡頭，讓你的思考方式與生命的自然流動同步。

所以，與其問「這是我想要共度一輩子的人嗎？」不如問「這是我想要共度人生接下來幾個篇章的人嗎？我能夠與這個人一起展開成長和學習的旅程，在篇章結束時讓我們兩人都收穫滿盈嗎？」

現在這成為一個值得驕傲的問題，忠於你內在的真理、你伴侶內在的真理，還有宇宙的真理。因為所有篇章終將結束。生命中唯一持續不斷的事物就是變化，而唯一確定的事情是我們終有一天會死亡。我們在地球上的時間有限，而我認為有意識的與共度這段時光的人建立親密、活躍和充滿意義的連結，就是運用這有限時間的最佳方式。與人建立連結，並且全心投入、勇往直前、展露自己脆弱的一面，正是讓人活得有意義的原因。甚至能讓萬物皆有盡頭這個事實，轉變成甜蜜又美妙的體驗。

最後幾句話：人與人之間的連結是普世存在的

一九九五年，我有幸造訪兩個位於亞馬遜雨林深處的原住民部落。我在阿蘇利尼（Asurini）和阿拉崴特（Araweté）部落待了兩個星期，這兩個部落一直到一九七九年和一九八一年才與西方文明接觸。

在阿蘇利尼部落的一個晚上，我受邀參與一名日薄西山的耆老的治療儀式。我從巨大茅草屋的入口看向裡面，屋裡瀰漫濃重的菸草味和煙霧，屋內有將近二十個人。中間有一個火堆和一位薩滿，薩滿身邊便是那名老婦人，躺在吊床裡的她看起來瘦骨嶙峋。要不是她雙眼因為映照火光和身邊的一切而閃閃發光，幾乎難以察覺她的存在。她的家人圍著她排成同心圓。排在最前面的是與她同輩的老人，再來是已成年的子女和各自的伴侶，孫子輩零零散散的站在邊上，似乎並未察覺老人即將離世。

薩滿開始歌唱和進行儀式後，老婦人凝視朋友、子女和孫子的模樣深深吸引了我。這是她用一輩子建立的家庭。儘管她已經虛弱到無法移動或說話，看著他們時，眼睛卻閃爍著耀眼的光彩。我能清楚看見她在生命的最後時刻感到平靜，甚至是快樂，因為她與所愛之人建立了連結。有多少人在邁向死亡時能得到如此多的關愛？有多少人能看見自己建立的種種人際關係，如此優雅又慈愛的迴盪至遙遠的未來？

不論在世界的哪一個角落，人與人之間的連結都很重要，超越文化，甚至超越時間。建立連結，是給予他人和自己的長久存在的禮物。我們的故事與最親近的人越緊密，我們就越快樂、越健康。而透過對話這種簡單的行為與他人分享故事的過程，其效果不亞於一帖良藥。

你的人生經驗形塑了什麼樣的禮物，可以贈予他人？

我這輩子得到許多寶貴的禮物，而我盡自己微薄之力，將那些禮物送給你。我父母的離異，我對親密關係漫長而艱鉅的追尋，我花了無數小時見證人們與彼此分享自己的脆弱，{THE AND}為我的生活帶來的快樂與收穫——這些都是人生送給我的禮物，而我現在將這些禮物寫成故事送給你，希望這也能成為一帖良藥。

搜索你的過去、現在，再展望未來，尋找自己的禮物。什麼樣的人生經驗賜予了你，讓你可以與其他人分享？盡可能隨時將那些禮物送給你身邊的人。如此一來，世界就能變得更有愛。

最後提醒你，不要害怕痛苦或不自在。擁抱那些感受，尤其是與你所愛之人一起。愛，是需要練習和實踐的。如果不踏進兩人之間的空間，要如何盡情沉浸於愛之中呢？

致謝

首先，我由衷感激所有{THE AND}的參與者。我和團隊打造了這個平臺，聆聽和分享你們的故事，但最重要的是你們勇敢的踏進這個空間，與我們分享自己的脆弱和感情關係。要不是有你們，不論是紀錄片或這本書都不會存在。你們是最核心的果仁，這個計畫由此扎根成長，所有學習都由此收穫。衷心感謝你們每一個人。

獻給與我一起建立「The Skin Deep」體驗設計工作室的所有人，有太多人要感謝，這裡恐怕寫不下，不過有幾位重要貢獻者不僅投入自己的時間，也投入了心血，包括尼可拉斯・達戈斯提諾（Nicholas D'Agostino）、茱莉亞・格巴赫（Julia Gorbach）、卡拉・查慕拉斯（Carla Tramullas）、克里斯・麥克奈布（Chris Mcnabb）、戴恩・班寇（Dane Benko）、瑪莉恩・戴比・塔伯特（Meriem Dehbi

Talbot）、納札瑞斯・索貝蘭內斯（Nazareth Soberanes）、甘蒂絲・弗瑞澤（Candice Frazer）、赫蘭・艾貝特（Heran Abate）、艾莉森・哥爾克（Alison Goerke）、阿瓦洛・加爾札・里歐斯（Alvaro Garza Rios）、安狄・利格特（Anndi Liggett）、艾希卡・庫路維拉（Ashika Kuruvilla）、波亞娜・瑟蘭尼奇（Bojana Ceranic）、雀兒喜・韋伯（Chelsea Weber）、費南多・艾斯皮諾莎・維拉（Fernando Espinosa Vera）、凱特・亨尼西（Kat Hennessey）、蘿西・加戴爾（Rosie Gardel）、葛蕾絲・拉爾金（Grace Larkin）、漢斯・盧德斯（Hans Leuders）、傑丁・羅培茲（Jaydin Lopez）、列維・托瑞喬（Levy Toredjo）、梅蘭妮・羅賽特（Melanie Rosette）、尼克・鄧拉普（Nick Dunlap）、佩吉・波克（Paige Polk）、蕾貝卡・狄亞茲（Rebecca Diaz）、席尼・洛斯（Sydney Laws）、朱利安・達利歐・維拉（Julian Dario Villa）和泰勒・拉特瑞（Tyler Rattray）。致那漫長的工時和我們共同克服的美妙挑戰，感謝你們的貢獻和投入。

致奈森・菲利普斯（Nathan Phillips）、里歐爾・列維（Lior Levy）、傑瑞麥亞和諾艾米・札格（Jeremiah and Noemie Zagar）、雅各・布隆斯坦（Jacob Bronstein）、

理查・崔普（Richard Tripp）、克利斯汀・康崔拉斯（Christian Contreras）、原田潤（Jun Harada）、麥克・諾頓（Mike Knowlton）、馬克・哈里斯（Mark Harris）、林西・寇德洛（Lindsey Cordero）、安東尼・卡布拉爾（Anthony Cabraal）、艾曼多・克洛達（Armando Croda）、賈斯汀・湯姆森（Justin Thomson）、崔西・史密斯（Tracey Smith）、艾德理安・貝利齊（Adrian Belic）、賈林・柯克西（Jarrin Kirksey）、布萊恩・方登（Brian Fountain）、彼得・瑞多（Peter Riedel）、卡蜜拉・班巴薩特（Camillia BenBassat）、翠夏・奈維斯（Tricia Neves）、湯瑪斯・卓吉（Thomas Droge）、凱文・寇特尼（Kevin Courtney）、莉莉安娜・雷格（Lilianna Legge）、瑞奇・波多（Rich Bodo）、安德魯・霍平（Andrew Hoppin）、蓋比瑞・諾柏（Gabriel Noble）、瑪楊・泰拉尼（Marjan Tehrani）、寶拉・門多薩（Paola Mendoza）、麥可和瑪莎・史柯尼克（Michael and Martha Skolnik）；感謝你們這些年來給予「The Skin Deep」和所有相關計畫的寶貴建議和貢獻。你們的心與洞察力，一樣美好又充滿深度。感謝你們在十年來的旅途上付出你們的心，也付出你們的洞察力給我。

有一群人從我二十四歲開始拍片起就一直支持我，在往後二十三年的旅程中始終不離不棄。他們在我最需要時提供經濟援助，在我必須聽時給我嚴苛的建議，以及在我手足無措時給我慰藉。克里斯多夫・洛吉（Kristoph Lodge）、厄爾辛・阿卡利拉（Ersin Akarlilar）、班・愛德華茲（Ben Edwards）、桑提亞哥・戴勒比安內（Santiago Dellepiane）、休翰・艾迪吉（Shoham Adizes）、戴娜和丹尼・蓋比瑞（Dana and Danny Gabriel）、強納森・普萊斯（Jonathan Price）、亞當・桑姆納（Adam Somner）、卡門・盧易茲・德威多布羅（Carmen Ruiz de Huidobro）和艾凡・沙達納（Ivan Saldana）。你們堅定的信任是支撐我的扶壁，幫助我抵抗各式各樣的質疑和挑戰，沒有你們的信任，我想像的一切都不會成真。謝謝你們成為我的支柱。

致我的導師湯姆・史特蓋斯（Tom Sturgess）、唐尼和潔琪・艾普斯坦（Donny and Jackie Epstein）、奈森尼爾・D・R（Nathaniel D. R.）、塔瑪豪・羅威（Tamahau Rowe）、佩凱拉・雷（Pekaira Rei）和拉美西斯・厄特曼（Ramses Erdtmann）。即使是我不想看的時候，你們還是照亮了我眼前的路。你們拓展了我對可能性和達成可能性的理解。最重要的是，你們教導了我最有價值、最困難的道理，那就是人類有責任為更遠大的目標貢獻自己的全部。

致我們的出版團隊，設計師翁托尼（Tony Ong，音譯）、製作編輯伊莎貝拉・哈迪（Isabella Hardie）、實習生梅勒・厄麥斯（Melat Ermyas）和出版人珍・沃利克（Jen Worick），他們讓整個過程快樂無比。致這本書最完美的編輯吉兒・薩吉納里歐（Jill Saginario），妳堅定的觀點是這趟旅程的骨幹，讓我們持續朝著設想中的目的地前進。致班・葛蘭洛克（Ben Grenrock），你為本書中的文字貢獻心力和才華，釐清書中許多想法的架構，對我而言是無價之寶。致贊德・布朗特（Zander Blunt），感謝你挑戰我提出的概念和我的表達方式，讓我的想法更深入縝密。致胡安・霍吉・賈西亞・曼德茲（Juan Jorge García Mendez），感謝你提供給我一個美麗又平靜的空間，讓我這十年來得以一頭栽進我的工作，寫下這本書。我還要大力感謝艾瑞克・雷曼（Eric Raymen），我的著作律師，也是我在出版界經驗豐富的嚮導。

致松雅・芮妮・泰勒，感謝妳為我撰寫美麗的前言，以及六年來跟我分享妳的人生故事。我不僅尊敬妳走過的道路，更重要的是妳這條道路上的愛與信念。我們是靈魂手足，我珍惜每一次分享彼此人生足跡的時光。

致我的父母與手足，感謝你們的存在。翠亞、伊恰克、努莉、休翰、阿塔莉亞、寧羅德、西南和莎菲兒，你們是我的家人，你們造就了我現在的模樣，我誕生自我們所有人共享的親密空間。致我妻子在墨西哥的家人，你們以最溫暖和大方的心歡迎我，我永遠感激且有幸成為你們的一分子。

最後也是最重要的，致我的人生伴侶伊卡莉，妳是我這輩子遇到最棒的事。萬事萬物都從妳優雅和慷慨的愛中綻放。感謝妳教導我必不可少的親密經驗，持續與我一起實踐愛的藝術。致我的兩個孩子科斯莫斯和莉拉歐西洋娜，希望這本書有一天能幫助你們開拓一條親密、愛與連結的道路。

問題背後的問題

第一問：在我們共享的回憶中，你最喜歡哪三個？為什麼你珍惜這些回憶？（第九十九頁）

- 你什麼時候第一次發現我愛你？
- 你什麼時候第一次發現你愛我？
- 我為這段感情做過最瘋狂的事是什麼？
- 有什麼事情是要不是為了我，你絕對不會做的？
- 如果我失憶了，你會先告訴我什麼關於我們倆的事？

第二問：你對我的第一印象是？之後又產生什麼改變？**（第一〇九頁）**

- 說說我們第一次見面的場景，但從我的角度說？
- 如果回到我們剛認識時，你會給自己什麼建議，好讓我們在一起？
- 你覺得我對第一次見面印象最深刻的事是什麼？
- 你覺得什麼事情對我產生最大的影響，讓我準備好迎接這段感情？

第三問：在什麼時刻，你感覺與我最親近？**（第一二一頁）**

- 你覺得什麼事情連結了我們兩人？
- 你認為這段關係中最特別的是什麼？
- 是什麼讓我們成為我們？
- 你最喜歡我的哪個缺點，為什麼？
- 你喜歡我做什麼事情，而那是我沒注意到的？
- 我做了什麼事情讓你更愛我？

第四問：你想問我什麼卻問不出口？（第一三三頁）

- 你覺得我不敢問你什麼問題？
- 你覺得我會遲疑著不告訴你什麼，為什麼？
- 你想告訴我什麼卻開不了口，為什麼？
- 你有什麼很擔心的事是從來沒跟我分享過的？
- 你覺得我們對什麼事避而不談？

第五問：這段關係目前最大的挑戰是？你覺得能教導我們什麼？（第一四七頁）

- 你覺得我們感情的哪一部分還有成長空間？
- 你覺得我能做什麼來改善這段關係？
- 這段關係中目前缺少了什麼，我們能怎麼改變？
- 作為伴侶，最近遇到最大的挑戰是？克服挑戰時，了解到什麼關於彼此的事？

第六問：你覺得自己做了什麼我並不知道的犧牲，為什麼你這麼想？（第一六三頁）

- 我什麼時候最讓你失望？你現在覺得呢？
- 你遇過什麼最艱困的事，是我沒有看見或理解的？
- 你覺得我還是不了解關於你的什麼事，為什麼你這麼想？
- 你想從我身上得到什麼，我有給予你嗎？

第七問：你希望能幫我治癒什麼傷痛？（第一七五頁）

- 你什麼時候最擔心我？
- 你覺得有什麼錯誤是我一犯再犯的，你覺得我為什麼會這樣？
- 我跟你在一起或身邊沒有你的時候，我會如何治癒我經歷的痛苦？
- 你希望我經歷的哪一件事情從未發生過，你覺得那教導了我什麼？

第八問：你希望我們經歷的哪件事情從未發生過？（第一八九頁）

- 你覺得哪件事影響最大，讓我們成為現在的模樣？

- 你覺得我們最常迴避什麼事，該如何改善？
- 上一次想結束這段感情是什麼時候，你為什麼沒有那麼做？
- 我們哪一次吵得最凶，你從中學到什麼關於愛我的道理？

第九問：你覺得自己從我身上學到什麼？（第二〇一頁）

- 我如何改變了你？
- 你什麼時候最欣賞我，而那是我沒注意到的？
- 你覺得我為什麼會出現在你的人生中？
- 這一年，你了解到什麼關於我的事，讓你更愛我了？
- 我有什麼我沒察覺的超能力嗎？
- 你看到我在哪個時候最脆弱，你從中學到什麼關於愛我的道理？

第十問：對於未來，有什麼是你迫不及待想與我分享的？（第二一三頁）

- 你覺得我們接下來五年會是什麼樣子？

- 如果你可以幫我許一個願望，你會許什麼，為什麼？
- 如果你可以讓我們實現三個願望，你會許什麼，為什麼？

第十一問：如果這是我們最後一次對話，你希望我永遠記得什麼？**（第二二五頁）**

- 你覺得有什麼事是我必須知道的？
- 你覺得人生現在在教導我什麼？
- 你覺得人生為什麼讓我們走到一起？

第十二問：你為什麼愛我？**（第二四一頁）**

- 我的愛是什麼樣子？
- 我怎麼愛你？
- 你覺得我的愛最美妙的地方是什麼？
- 你覺得我的愛最美妙的地方是什麼，而且是我從沒注意過的？

資料來源

想看本書中提到的伴侶問答這 12 個問題嗎？
掃描QR Code就能觀賞完整影片（英文發音）。

前言

拉法和道格拉斯／「多邊戀和一對一關係的愛」

第 1 部：這是對話，不是測驗

柯提斯和約翰／「兒子向父親坦白」

希卓拉和班／影片合輯

第 1 問

凱特和克莉絲汀娜／「耳聾對我們的家庭有何影響」

第 2 問

卡蒂和奇斯／「重大轉變」

影片合輯／「如何一起找到愛」

影片合輯／「關於初次見面，你還記得什麼？」

第 3 問

麥蒂和馬丁／「你想要替我治癒的，我的痛苦」

影片合輯／「在什麼時刻，你感覺與我最親近」

第 4 問

希卓拉和班／「養育孩子如何改變婚姻」

艾佛和凱文／「在婚姻中平衡愛跟焦慮」

安德魯和傑洛德／「同志婚姻與我的虔誠家庭」

影片合輯／「你想問我什麼卻問不出口」

第 5 問

蓋碧瑞兒和露娜／「試著向多年摯友表白情愫」

影片合輯／「伴侶間面對的最大挑戰」

第 6 問

凱特和克莉絲汀娜／「耳聾對我們的家庭有何影響」

艾佛和凱文／「在婚姻中平衡愛跟焦慮」

影片合輯／「我上次讓你失望是何時？」

第 7 問

麥蒂和馬丁／「你想要替我治癒的，我的痛苦」

琳妮亞和伊莉莎／「我才不回答那問題」

安德魯和傑洛德／「同志婚姻與我的虔誠家庭」

第 8 問

希卓拉和班／「如何重新墜入愛河」

瑪瑟拉和洛克／「地表最誠實的夫妻」

第 9 問

安德魯和傑洛德／「同志婚姻與我的虔誠家庭」

「同志婚姻與我的虔誠家庭」（接續）

第 10 問

愛可蘭達和喬賽特／「作為同性伴侶建立一個混合家庭」

琦莎和安德魯／「我想照顧你」

琦莎和安德魯／「你會對抗你家裡的種族主義者嗎？」

第 11 問

凱莉和薇吉／「如果我明天就離開人世」

影片合輯／「如果這是我們的最後一次對話」

第 12 問

瑪瑟拉和洛克／「地表最誠實的夫妻」

拉法和道格拉斯／「多邊戀和一對一關係的愛」

影片合輯／「你為什麼愛我？」

國家圖書館出版品預行編目（CIP）資料

愛的12問：我們共享的回憶中，你最喜歡哪個？什麼時刻你感覺與我最親近……艾美獎導演用12個問題，找回愛。／托帕茲・艾迪吉（Topaz Adizes）著；鄭依如譯. -- 初版. -- 臺北市：大是文化有限公司, 2024.08
304 面；14.8 × 21公分. --（Style；092）
譯自：12 Questions for Love: A Guide to Intimate Conversations and Deeper Relationships
ISBN 978-626-7448-60-1（平裝）

1. CST：兩性關係　2. CST：兩性溝通

544.7　　113006003

Style 092

愛的12問

我們共享的回憶中，你最喜歡哪個？什麼時刻你感覺與我最親近……艾美獎導演用12個問題，找回愛。

作　　者／托帕茲．艾迪吉（Topaz Adizes）
譯　　者／鄭依如
責任編輯／楊明玉
校對編輯／張庭嘉
副 主 編／蕭麗娟
副總編輯／顏惠君
總 編 輯／吳依瑋
發 行 人／徐仲秋
會計部｜主辦會計／許鳳雪、助理／李秀娟
版權部｜經理／郝麗珍、主任／劉宗德
行銷業務部｜業務經理／留婉茹、行銷經理／徐千晴、專員／馬絮盈、助理／連玉、林祐豐
行銷、業務與網路書店總監／林裕安
總經理／陳絜吾

出 版 者／大是文化有限公司
臺北市100衡陽路7號8樓
編輯部電話：（02）2375-7911
購書相關資訊請洽：（02）2375-7911 分機122
24小時讀者服務傳真：（02）2375-6999
讀者服務E-mail：dscsms28@gmail.com
郵政劃撥帳號：19983366　戶名：大是文化有限公司

法律顧問／永然聯合法律事務所
香港發行／豐達出版發行有限公司 Rich Publishing & Distribution Ltd
地址：香港柴灣永泰道70號柴灣工業城第2期1805室
Unit 1805,Ph .2,Chai Wan Ind City,70 Wing Tai Rd,Chai Wan,Hong Kong
Tel：2172-6513　Fax：2172-4355
E-mail：cary@subseasy.com.hk

封面設計／林雯瑛
內頁排版／陳相蓉
印　　刷／鴻霖印刷傳媒股份有限公司
出版日期／2024年8月初版
定　　價／新臺幣460元（缺頁或裝訂錯誤的書，請寄回更換）
I S B N ／978-626-7448-60-1（平裝）
電子書ISBN／9786267448595（PDF）
9786267448588（EPUB）